历史

全球史与跨国史研究丛书

何为

[法]塞尔日·格鲁金斯基 著

卢梦雅 译

中国社会科学出版社

图字：01 - 2016 - 1113 号

图书在版编目（CIP）数据

历史何为／（法）塞尔日·格鲁金斯基著；卢梦雅译 . —北京：
中国社会科学出版社，2020.9（2020.9 重印）
ISBN 978 - 7 - 5203 - 6745 - 5

Ⅰ.①历… Ⅱ.①塞…②卢… Ⅲ.①史学理论 Ⅳ.①K0

中国版本图书馆 CIP 数据核字（2020）第 113445 号

《L'HISTOIRE，POUR QUOI FAIRE？》
by Serge Gruzinski
© Librairie Arthème Fayard. 2015

出 版 人　赵剑英
责任编辑　张　浩
责任校对　杨　林
责任印制　李寡寡

出　　　版　中国社会科学出版社
社　　　址　北京鼓楼西大街甲 158 号
邮　　　编　100720
网　　　址　http：//www.csspw.cn
发 行 部　010 - 84083685
门 市 部　010 - 84029450
经　　　销　新华书店及其他书店

印刷装订　北京君升印刷有限公司
版　　　次　2020 年 9 月第 1 版
印　　　次　2020 年 9 月第 2 次印刷

开　　　本　710×1000　1/16
印　　　张　11.75
插　　　页　2
字　　　数　151 千字
定　　　价　68.00 元

凡购买中国社会科学出版社图书，如有质量问题请与本社营销中心联系调换
电话：010 - 84083683

诚将此书致以予我指教良多的

索兰格·阿尔伯罗先生[*]

　　本丛书出版得到山东大学"考古学与历史学高峰学科建设计划"资助

全球史与跨国史研究丛书

顾问：

　　李伯重

　　王学典

　　曼　宁（Patrick Manning）

　　格鲁金斯基（Serge Gruzinski）

主编：

　　李中清　　刘家峰

编辑委员会：

"全球史与跨国史研究丛书"出版前言

全球史（global history）、跨国史（transnational history）近年来已成为国际史学研究的新趋势。尽管目前学术界对"什么是全球史""什么是跨国史"尚未达成完全一致的意见，但全球史、跨国史作为一种研究历史的新理论、新方法、新视野，已得到史学家的普遍认同。一般来说，全球史以全球性现象和全球化进程为研究对象，包括气候变迁、移民、贸易、帝国扩张，以及物种、技术、疾病、思想、文化和宗教信仰的传播；跨国史则以历史上的跨国、跨区域现象（未必是全球性的）为研究对象。两者的研究对象具有互补性，研究方法则趋向一致，皆打破了过往以民族、国家作为单元和视角的研究范式，重视跨国体、跨民族、跨文化的联系与互动，将全球共同关心的话题纳入研究视野。

1963 年，美国学者麦克尼尔（William H. McNeill）《西方的兴起》（*The Rise of the West*）一书的出版，标志着全球史正式登上学术舞台。半个多世纪以来，全球史在美国、英国、德国、加拿大、意大利、日本等多个国家蓬勃发展，以全球史或跨国史为主题召开的学术会议显著增加，这一领域的论著出版也令人目不暇接，开设全球史课程的大学越来越多。20 世纪 90 年代，全球史开始传入中国。进入 21 世纪以来，首都师范大学、北京外国语大学等高校率先设立全球史研究机构,并创办专业刊物,全球史的概念、理论和著作得以迅速传播。

2015年8月,第22届国际历史科学大会在山东大学成功举办,促使我们思考、探索成立全球史与跨国史研究机构的可能性。一方面,我们希望借此推动全球史与跨国史的教学与研究工作;另一方面,也希望这个机构能成为山东大学历史学科与海内外学术交流的一个平台。经过近一年的筹备,2016年6月,全球史与跨国史研究院宣告成立,之后开展了一系列的讲座和论坛活动。

"学术者,天下之公器"。山东大学全球史与跨国史研究院拟推出系列丛书,通过引进国外著作和出版国内同人专著、学刊等形式,展示全球史与跨国史的研究成果。在这里,我们衷心希望有志于此的海内外学者惠赐大作,奉献新知,共同打造好这一交流平台,推进全球史与跨国史研究在中国的发展。

译者前言

2015 年，本书作者法国历史学家格鲁金斯基先生（Serge Gruzin-ski, 1949 – ）在第 22 届国际历史科学大会（ICHS）上赢得了第一个由国际历史科学委员会颁发的历史学国际大奖。

格鲁金斯基首先是位美洲史专家，在《墨西哥的人—神：16—18 世纪土著权力与殖民统治》（1985）、《阿兹特克：太阳与血的民族》（1988）、《想象力的殖民化：16—18 世纪西属墨西哥的土著社会与西方化》（1988）、《新大陆的历史》（1991—1993）等著作中阐释了西班牙征服给拉丁美洲土著带来的社会政治和文化心理冲击，当地民众在殖民社会的英勇反抗、积极适应、艰苦求生以及如何面对接踵而来的"西方化"进程。因此，拉美史的研究促使他同时成为一位当代跨国史、全球史的开拓者，以全球史的视野写下了《交杂的思想》（1999）、《里约热内卢：交杂的城市》（2001）、《世界的四个部分：一段全球化的历史》（2004）、《那里几点了？——现代边缘的美洲和伊斯兰》（2008）、《鹰与龙：全球化与 16 世纪欧洲在中国和美洲的征服梦》（2012）及本书《历史何为？》（2015）等，普及了文化的"流通"（circulation）和"交杂"（métissage）概念，探讨了历史在全球化时代的价值。

在本书《历史何为？》中，作者呈现了与葡萄牙入侵中国沿海地区全然不同的结果——西班牙对拉丁美洲的征服，全然解体了土著印第安人社会，当地人的生活方式开始成为西班牙模式的翻版。交杂的特征不仅体现在后代的繁衍中，还体现在现代文明与土著文化的融合再生中——16世纪的重要编年史学家便是两个社会、两种文化融合的典型。这样的内容乍一看似乎与题目不甚相符：作者这本新书的题目中没有出现"全球史""殖民化""交杂"等具体概念，而是使用了"历史"这样一个整体概念，无疑表达了作者希望在本书中探讨不仅是时间上还是空间上都具有整体意义的一个"历史"。正如作者所言："当整体视野使立场和对抗无限多样化时，关于'他异性'的话语模式便不再适用了。"

极具后现代主义史学特征的格鲁金斯基，在本书中不求实证历史事件或编年，致力于引导读者的思考与探索当下历史学的全新使命——我们应当如何重新认识历史以及研究历史？从"时间"到"空间"，从"本土"到"全球"，从"现在"到"过去"，从"割裂"到"重塑"，作者带我们往返于墨西哥所在的北美，秘鲁、巴西所在的南美，以葡萄牙、西班牙为代表的欧洲，奥斯曼帝国的穆斯兰世界以及远东的中国、马来西亚。而15世纪的世界，几个大陆在航海大发现的浪潮中通过大西洋、太平洋、印度洋连接在一起，继而通过宗教和电子信息科技联系在一起。读者的视线穿梭于欧洲殖民者、殖民地精英、殖民地土著和混血后代，体会着不同立场，感受着不同心态，这也正是格鲁金斯基所致力于探索的一个时间、空间、主体交错的"全球史"。

我们可以明显地看到总体历史和长时段的研究特征贯穿本书始终，可以说作者继承了法国历史年鉴学派的优良传统。更加耐人寻味的是，本书很可能是在向法国年鉴学派大师布洛赫致敬！我们从本书题目已经可以联想到布洛赫的扛鼎之作《为历史学辩护》

（*Apologie pour l'histoire*）——布洛赫在书中一直尝试回答小儿子的问题："历史有什么用？"不仅如此，布洛赫在这部未完成的书稿中，原本准备在结论中论述"历史在国民教育中的作用"，还打算写一篇题为"历史教学"的附录。① 而格鲁金斯基也在本书中，反复提到他所关切的当代高中历史教学的实践问题，并且在书尾附上了题为"历史学家与高中生"的附录，形式上与布洛赫遥相呼应。更重要的是，布洛赫在这本书中提出了从除文学、档案之外的各种资料中发现证据的历史考证方法，他指出："宗教史家怎么会以查阅少量神学手册和赞美诗为满足呢？他完全知道，教堂墙上的壁画、雕塑及墓穴里的陈设，同当时的抄本一样都能反映出死者的信仰和情感。我们已有的关于日耳曼入侵的知识，不仅来自对契据和编年纪的研究，也来自古墓的发掘和地名的考证……几乎研究所有重大的人类历史问题都要求掌握各种不同类型的证据。"② 在《历史何为？》中，我们看到作者在当代摄影、电影、歌剧、音乐甚至漫画等各种艺术领域中，洞见了多元文化的碰撞、交杂文化与历史遗产的融合以及殖民历史在当代社会的延续，以世界上四个地区欧、非、亚、美洲人口、文化、经济、制度、思想的多样性为重新书写历史的依据，讲述了一个伊斯兰教与基督教之间、资本主义与社会主义文化精神交错融通的历史。格鲁金斯基无疑是秉承了布洛赫在 20 世纪 40 年代提出的历史学方法，更在新的世纪发掘了动态的声像证据，以一本薄薄的小书呈现出一个多维的全球历史，成为当代历史学大师与学界探讨史学方法的又一次极具创见性的重要尝试。

然而，这位大师的对话对象明显具有特定性。"一旦我们越过边

① 参见［法］马克·布洛赫《为历史学辩护》，张和声、程郁译，中国人民大学出版社 2006 年版，"有关本书手稿的一点说明""导言"。

② 同上书，第 58 页。

界，就会陷入陌生境地，变得无知和充满偏见。"我们似乎可以用格鲁金斯基的这一洞见评价他自己在该作中的表现。这位拉美研究专家在一些涉及东方和中国的部分时，言辞并不客气。他认为重申四大发明的归属问题是中国历史全球化策略之一，他强调足球运动起源于欧洲，抛出了"旧的欧洲中心主义正在与新的中国中心主义的对抗"的说法，甚至借助西方媒体的说法推测中国历史政治电影背后的奥义——"这一切都唤起了对法西斯主义的迷恋。"

我们可以将这些设计理解成作者牺牲中国形象以增加著作在西方的接受度，为了迎合西方特定读者的认知而不得已使用的一种手法。但是，这恰恰说明了"全球化"是一个被构建的空中楼阁。在各地区存有历史性不可调和的种种对立、偏见和猜忌的当下，我们应当如何梳理"全球史"以正确认识"全球化"？这也是格鲁金斯基致力于探讨的问题。

受山东大学全球史与跨国史研究院刘家峰教授委托，译者与法籍学术外教克里斯·迪康博士（Christophe Decoudun）合作将本书译成中文以飨读者，希望对中国学者了解西方当代史学动向和探索如何化解西方现代文明挑战的途径有所助益。感谢我院和西班牙语老师田小龙博士的帮助，感谢本书的责编张湉博士的细心工作，由于译者水平有限，翻译中难免有疏误之处，望读者批评指正。

卢梦雅（山东大学外国语学院副教授）

目　　录

前　言

　　鲁贝市①曾被称为"社会主义罗马""千囱之城""法国的曼彻斯特"，成千上万的工人在纺织工厂里操劳……然而那个时代结束了：1910 年让·普罗沃斯特（Jean Prouvost）所创建的毛纺厂曾是法国盛极一时的工业代表，该厂在 2000 年已经倒闭，废弃的厂房横亘在一片废墟中。

　　　　　　　　——米歇尔·大卫（Michel David）的博客《世界在变化》，2011 年

　　1967 年 9 月，我中学毕业后离开家乡图尔昆（Tourcoing）和鲁贝（Roubaix）赴巴黎求学，后来去了拉丁美洲。一路走来，我何曾思考过这个问题："历史何为？"几十年后的今天，我意外收到了来自鲁贝市让－罗思堂高中（Lycée Jean-Rostand）一位教师②的来信，希望我给他的学生们一些建议，然后到鲁贝剧院观看他们 2013 年 5 月 28 日晚的演出！

---

　　① 法国北部小镇，靠近里尔，位于法国和比利时边境。——译者注
　　② 非常感谢我的同事劳伦特·基顿（Laurent Guitton），那时候他就是让－罗思堂高中的历史老师，让我有这样一次与高中生接触的经历。

学生们的演出素材来自我写的一本书《鹰与龙》①。这本书讲述了16世纪初发生的两段历史：西班牙人征服墨西哥和葡萄牙人入侵中国。在这些遥远的地方，一些欧洲人"发现"了这个星球上还存在着其他拥有伟大文明的社会。结果是，葡萄牙人远征的惨败被历史学彻底遗忘；而西班牙舰队的征伐以胜利告终，并造就了拉丁美洲和混血美洲。虽然《鹰与龙》不是为中学生而写，却与中学教学大纲相契合——体现了"现代欧洲人的地理和文化新视野"。

首先，老师从这本书里选取了用于历史课堂的地图和资料，而后要求学生就欧洲人与当地人之间的交往是逐渐融合还是愈发对立发表看法。尽管这次活动可能与高中生们的学业相去甚远，他们还是花了两个月的时间编写出对话并熟记于心，最后无一例外地参与了这两段历史的表演。一部分学生扮演中国人或阿兹特克人，另一部分扮演葡萄牙人或西班牙人。尽管心存犹豫，一位穆斯林女生仍然同意登上舞台，扮演埃尔南·科尔特斯（Hernán Cortés, 1485 - 1547）②的美洲土著妻子拉·马林奇（La Malinche, 1496 - 1529），她是征服者和阿兹特克人之间的重要媒介。学生们演绎了一些戏剧性的历史片段，比如阿兹特克皇帝莫克特祖马（Moctezuma）被亲信杀害、明政府逮捕了葡萄牙人。于是，在演出结束后的评议和交流时间里，莫克特祖马与当地的卡斯蒂利亚人③、中国的正德皇帝④与

---

① 《鹰与龙：全球化与16世纪欧洲在中国和美洲的征服梦》（Serge Gruzinski, *L'Aigle et le Dragon. Démesure européenne et mondialisation au XVIe siècle*, Paris, Fayard, 2012）。

② 西班牙殖民者，推翻了阿兹特克帝国，其成功策略在于与美洲当地原住民结盟。他与原住民拉·马林奇生有一子，马林奇身份复杂，既是妻子也是翻译、参谋和中间人。下文简称科尔特斯。——译者注

③ 卡斯蒂利亚人是西班牙的主体人口，卡斯蒂利亚是西班牙历史上的一个王国，西班牙的君主从卡斯蒂利亚王国一脉相传。1496年，阿拉贡王国与卡斯蒂利亚王国联姻，从而合并成为统一的西班牙实体。——译者注

④ 即明武宗朱厚照（1491—1521）。——译者注

葡萄牙访客得以"面对面"交流①。

　　如果没有老师的耐心工作，这些古老的故事或许永远不会在鲁贝剧院引起反响。更重要的是，自始至终，这些年轻人在两段历史的舞台上面临着一些重大问题：他们发现了另一个文明（更确切地说是另一些文明），不同社会和不同文明之间的差异，殖民和征服的"宏伟大业"，欧洲扩张的意义和目标以及被侵略人民的反应。通过编写对话、制作布景、选择服装、调查异国宗教仪式（比如阿兹特克的人祭）、中国人和美洲原住民的社会法则……鲁贝的少年们逐渐熟悉了另一些世界。一旦登上舞台，学生们通过对各种角色的揣摩，比在任何课堂上都更加接近这些历史。这种角色扮演和情景体验很有意义，让我想起了突尼斯导演阿布戴·柯西胥（Abdellatif Kechiche）的作品《躲闪》（*L'Esquive*，2004）。这部电影讲述了郊区学校的青少年将法国近代剧作家皮埃尔·马里沃（Pierre Marivaux，1688–1763）的戏剧搬上舞台的故事，以及舞台角色对学生们的影响。但不同的是，《鹰与龙》不是一部由电影演员出演的故事片，而是学生们在历史学习过程中，在鲁贝市真实的历史环境中上演的一台戏。

　　鲁贝几乎是法国最穷的城市，曾在法国移民史上占有特殊地位——这个19世纪的纺织业老牌城市，再也没能在工业衰落中重新振作起来。第二次世界大战后法国的"三十年光荣时代"早已过去，让－罗思堂高中的教学经验完全来自现代的城市环境。回想20世纪60年代初，我还骑着自行车穿过艾普勒和阿尔玛地区去主日学校②上课。然而，这一地区坐落着各式各样的清真寺，居民大多是穆斯

---

　　① http：//www.ville-roubaix.fr/actualites/actualite-detaillee/article/video-lhistoire-geo-en-scene.html.
　　② 基督教开办的主日学校。——译者注

林，在这里，拥有天主信仰的我却成了少数人。过去，鲁贝曾是法国社会主义主流"盖思德主义（guesdisme）的圣地""革命社会主义的麦加"，今天却成为法国"最穆斯林"的城市。社会危机深刻打击了马格里布裔的法国人，他们常常在伊斯兰教中寻求一种身份认同，而这种认同感无论在工会斗争还是共和国理想中均无法得到实现。自 20 世纪 90 年代以来，鲁贝市时常成为热门话题①，因为这个城市见证了移民儿女进入政界——政治阶层对这一新的参选群体越发感兴趣：去宗教性、教徒在城市中的地位、宗教和政治之间的关系，这一群体所提出的问题打破了法国的政治格局。自美好时代以来②，人们一直以为这些问题已经得到了解决。

从"本地"到"全球"

通过演出，高中生们懂得了历史不能简化为单一叙事，无论这种叙事是民族传奇还是社群故事。他们意识到，无论在广州市还是在墨西哥城，一些鲜为人知的过去并没有像人们想象中那样已经死去。这些曾被外来势力探索征伐的社会，其命运持续影响着当代世界。③ 这个高中的学生大多来自移民家庭，并且大部分是穆斯林家庭。可想而知，他们对这些欧洲人侵略和殖民地反抗的历史多么感

---

① 例如《鲁贝的矛盾》（Philippe Aziz, *Le Paradoxe de Roubaix*, Paris：Plon，1998）、1996 年对"鲁贝团伙"暴力事件的系列报道、2010 年在 *Quick Hallal* 杂志上引起巨大反响的一些事件报道以及《纽约时报》2013 年的一些报道。相关背景参见《法国激情：城市的声音》（Gilles Kepel, *Passion française. Les voix des cités*, Paris：Gallimard，2014）。

② 指 19 世纪末到第一次世界大战之间的时代，当时欧洲的政治、科技、经济和社会进步显著。——译者注

③ 此外，这些地区也被打开门户。从前，波兰、捷克斯洛伐克、南欧和更遥远的地区曾向这座"千囱之城"送来羊毛和棉花，阿尔及利亚、20 世纪 90 年代的波斯尼亚、沙特阿拉伯，也通过传道者为这座城市增添了一部分人口。正是在那时候（1992 年）举行了支持伊斯兰救赎阵线的第一次会议（参见 Gilles Kepel, *À l'ouest d'Allab*, Paris：Seuil，1994）。

兴趣，因此对演出投入了极大的热情。反过来，对这些学生而言，欧洲两千年的民族史没什么意义，更不用说那些一向难以把握的历史记忆。

在一定程度上，这些孩子的反应取决于人们将什么归于"历史"和"过去"的范畴。当人们已经能够在世界任何地方理论上可以获取任何信息的时候，对世界的看法便不再属于从前那个时代了。但是，这种看法并不充分，尽管可能永远不够充分。但是，由于以往对历史的看法与当下全球所面对的问题越来越脱节，所以在根本上不适用于我们所处的环境。近 20 年来，这个星球经历了全球化、数字革命的爆发、西方霸权主义的入侵、伊斯兰世界的觉醒、中国的复兴，经济高速增长的发展中国家之崛起，这一切必然改变人们的视野。当然，改变我们看法的还有眼前的事实，诸如意大利北部乡下人、荷兰城市居民以及鲁贝－图尔昆地区无产者的人口混合。这一切颠覆了过去的五百年间我们所沉浸的欧洲中心主义，模糊了继承自启蒙时代和 19 世纪的一些参照标准。

面对新的环境，人文学科犹如欧洲一样有些老旧过时了。如今是社会学、人类学甚至地理学的时代，历史学也算一份。但是，在全球化的进程当中，历史学这门学科何用之有？我们是要通过这门学科把一切带回欧洲，带回到欧洲的过去吗？西方的声音是否仍然具有某种普世性的召唤力？人们大可以自欺欺人地安慰自己说，这样做是为了整个人类的利益。然而，不只是欧洲知识分子后退或者一些后现代主义潮流发起批评[1]，其他世界也已经更新了历史舞台。现如今，我们无法再从欧洲这个角落出发去描述和解读一切。

从 19 世纪到 20 世纪初，历史学科推动了民族国家的形成，首

---

[1] 如杂志《底层研究》（*Subaltern Studies*）。

先发端于欧洲，然后遍及各处。在政客、学者、教育大纲、出版社和报刊的传播下，历史被解释为大步向民族国家进军的叙事，深刻植入人们的脑中。批判性本该是历史学的本质，但是这门长期以来发挥了极大作用的学科却带有致命的偏差。

在过去的五十年里，当历史学开始建立和书写欧洲的过去时却变得更加糟糕。尽管新的尝试既值得尊重又孤立无援，[1] 但这一挑战所带来的整体变化备受期待，因为欧洲舆论即便不是散落在千家万户，也在很大程度上仍然忠于国家愿景。牛津大学教授苏德赫·哈扎雷辛（Sudhir Hazareesingh）写道："法国的历史学仍然是一种积极的国家叙事，充满了保守的怀旧情怀，有助于强化法国人的独特性和归属感。历史学家在 20 世纪末的重要转折是这一传统的延续。"[2] 西班牙历史学家在区域史领域的没落只是一个例子，比利时历史学家放弃了双语制则是另一个例子。在巴塞罗那或者瓦伦西亚，一位法国历史学家因使用卡斯蒂利亚语出版发表而受人指摘；尽管比利时大部分地区仍然使用法语，在安特卫普（Anvers），人们又更愿使用西班牙语。历史学，这个欧洲的女儿，似乎无法进入其他大陆——一些美洲和亚洲高校谴责这种欧洲历史学，认为这是西方强加的过去和设置的回忆陷阱。难道这种谴责有错吗？[3]

首先声明，这本小书不是一篇历史学论文。当然，我们可以用常规的方法回到欧洲历史主义的源头，才能更好地把握曾经的入侵、

---

① 例如，艾诺迪（Einaudi）在都灵出版的多卷本《欧洲故事》（Storia d'Europa），或者最近罗马法语学校研修日的议题"19—21 世纪法、德、意的历史和语言教学交叉一瞥"（2013年10月17—18日）。

② 参见《书籍》的访谈（"Entretien" in Book, 15, n° 34, juillet-août 2012）。哈扎雷辛著有《高卢神话》（Le Mythe gaullien, Paris, Gallimard, 2010）。

③ 关于这些问题的历史学视角，参见《历史性的政权：现在主义和时间经验》（François Hartog, Régimes d'historicité. Présentisme et expériences du temps, Paris：Seuil, «Points», 2012）。

连续的征伐，考察在这个过程中被圈套的枷锁和强行的文化过滤。但历史主义的雄心总是在别处。历史学家的辩论虽然必不可少，却往往是为了重新定义领土而不是为了推翻学术成规，通常只触及专家的研究范围，随着研究对象远离当代世界，论题也越来越少。

不如我们独辟蹊径，先从各方面困扰着我们的"当下"开始。文化产业的全球化及传播工具的敏捷推动着不同形式的"过去"相继涌入我们所在的社会。除高校课堂和专家博客之外，这些过去往往通过学术界所忽视的机密影像和重要报道传播开来，试图回应全球化世界里真实或假想的挑战。不过，我们只有这些途径来了解真实的过去吗？

第一章　世界的所有"现在"

　　智慧的所罗门发现了两面相互反射的镜子——时间之镜，人们从两面镜子里可以看到事物的过去和未来。……把这两个镜子放在彼此的对面，正如夕阳的光线射向东方，东方的光线又通过自然的反射照向西方，你们会发现可以在过去的镜子里看到未来，在未来的镜子里看到过去。那么，谁想看看"现在"，又该在哪里看？

　　——安东尼奥·维埃拉（António Vieira，1608－1697）

　　《灰色星期三的布道》（*Sermao de quarta-feira de cinza*，1672）

　　"在过去和未来中才能看到现在。"[①] 安东尼奥·维埃拉是葡萄牙耶稣会士，生活在 17 世纪巴洛克的欧洲和殖民地巴西。因此，在他眼中，"现在"只是对过去和未来事物的短暂映象。可是，为什么不推翻这个程序，正如社会学家阿兰·图尔奈（Alain Tournaine）所说："我们生活在一个几乎无边界的'现在'，它吸收了大部分的过去和未来，并且拒绝了无法归并为现在的东西。"[②] 我们当然知道"现在"

---

　　① 参见《灰色星期三的布道》（Antonio Vieira，*Sermao de quarta-feira de cinza*，Rome，*église de Saint-Antoine-des-Portugais*，1672，http：//www. literaturabrasileira. ufsc. br/documentos/？action = download&id = 30445）。

　　② 参见《拉丁美洲权力的苍白》（Alain Tournaine，«La pâleur du pouvoir en Amérique latine»，in Jean-Pierre Castelain et al.，*De l'ethnographie à l'histoire*. Paris-Madrid-Buenos Aires. Les mondes de Carmen Bernand，Paris：L'Harmattan，2006）。

如白驹过隙，难以抓住。"无奈的是"，历史哲学家哈纳·阿兰德（Hannah Arendt）提醒大家："我们似乎没有做好充分准备去应对这种在过去和未来之间的断层。"[①]"现在"没有一个确切的轮廓：充斥着大量的刺激、轰动、影像、预感、谣言和"时事"，而我们对其只有碎片化的记忆。所以，当下尚未可知，何以了解过去？我们只能从现在开始，从当代世界开始，回溯时间。

非历史的场景?

若想捕捉"现在"，或许要变身为艺术家。伟大的德国编舞家皮娜·鲍什（Pina Bausch）倡议，为了使目光和感受在"现在"面前更加敏锐，需要"通过调动各种感官和感觉来理解和塑造'现在'，一种与过去和未来关联的现在……就好像有人把自己置于各种力量的中心，各种力量相互对抗，以擦出闪亮的火花"。[②]

如果说"现在"是一种映象，首先是因为它能够通过图像来反映。我偶然间从当代摄影家卡德尔·阿提娜（Kader Attia）的一幅作品中，发现了全世界众多"现在"中的一个：几个在阿尔及利亚乡村踢足球的少年。在哪里？奥莱斯（Aurès）平原，确切地说在塔祖尔（Tazoult）[③]。做什么？一群年轻人以罗马拱门作为球门在踢足球。艺术家所拍摄到的一瞬间可能很快会被遗忘，人们顶多是看到了如画的风景——尽管是当地人不太喜欢的废墟，这废墟却时常启发着

---

① 参见《过去与未来之间的断层》（Hannah Arendt, «La brèche entre le passé et le futur», *L'Humaine Condition*, Paris: Gallimard, «Quarto», 2012, p. 602）。
② 参见《舞蹈戏剧》（Norbert Servos, Pina Bausch, *Dance Theater*, Munich, K. Kieser, 2008, p. 15）。
③ 阿尔及利亚小镇，历史上曾是罗马和法国的政治监狱所在地。——译者注

地中海沿岸和东方。

19 世纪，圣 – 阿尔诺元帅（Saint-Arnaud, 1798 – 1854）[①] 曾对这里欣喜若狂，他惊呼："如此之墟！壮观的四巨石……这里曾是古寺、马戏团、浴场、墓碑、凯旋门和埃斯科拉庇俄斯神庙！军乐团奏响了施特劳斯华尔兹舞曲，我缓缓走上神庙的阶梯。"[②] 这位废墟爱好者可是个大人物——在巴黎出生的阿尔诺元帅曾在阿尔及利亚战役中立下显赫功绩，在拿破仑三世的政变中开枪扫射了巴黎的"暴徒"，还担任过克里米亚远征军的指挥官一职。

然而，摄影家并非要展现这段历史，而是孤独的古拱门和少年们所构成的整体画面。罗马拱门和穿着 T 恤、花色大裤衩的男孩们，我们难以分而观之。他们的时尚与足球运动一样全球化。在这个地区，球门太过奢侈也难以安置，于是孩子们代之以经年残破的石门。足球，一项既引人注目又有利可图的全球化运动，回收利用了这件历史的遗物，却抹不去古罗马的印记与圣 – 阿尔诺元帅的赞叹。与诸多艺术品一样，无数瞬间凝结在这座拱门的石缝中，而这些过往的瞬间深刻地影响着现在。在这个地方，"现在"既是"未来"走向全球化的反映，又是全球化的标志，包括服饰、娱乐、运动；同时，"现在"也是"过去"的回响——这一"过去"跨越了若干世纪，从古罗马占领时期到后殖民时代的阿尔及利亚。

坐落在废墟中的拱门，包含着过去和未来，连接了当前的全球化和扬威海外的古罗马时代，是当下一切的遥远预示。塔祖尔的拱

---

① 法国在阿尔及利亚的殖民统治者。——译者注

② 参见圣 – 阿尔诺元帅写给弟弟的信（Lettre du maréchal de Saint-Arnaud à son frère Leroy de Saint-Arnaud, Batna, 2 mai 1850），转引自《古代非洲》的文章《独特考古成果的成功与失望：北奥莱斯的卡武奇亚上校》（Monique Dondin-Payre, «Réussites et déboires d'une œuvre archéologique unique：le colonel Carbuccia au nord de l'Aurès（1848 – 1850）», *Antiquités africaines*, n° 32, 1996, p. 164）。

门经历了连续不断的入侵、征服和叛乱。我们无法否认这段漫长的"属于非洲"的历史与我们无关，或不再与我们有关。但是这段历史激起了一些我们无法回避的问题：首先是殖民与反殖民化的问题；其次，由于法国曾经深深卷入这段历史当中，一些人民仍然不可避免地与阿尔及利亚联系在一起：在我们研究的起点鲁贝市，"大部分人口来自北非马格里布的阿尔及利亚人及其后代"①。阿尔及利亚的拱门启发了一项艺术作品，其意义却不仅仅在于一幅摄影"创作"。通过这一作品，摄影家提出了很多有待思考的问题②：世界各地是如何相互联系的？我们能否无须"跳过某些历史"③ 来与这些世界对话（况且这段历史已经成为"现在"的一部分）？这很难实现，不仅因为大部分古代的东西已经从我们的教育和文化视野中消失了，还因为殖民主义和后殖民主义一直在努力修剪着海外的记忆。

时间的痕迹④

塔祖尔镇的拱门位于提姆加德镇（Timgad）以西 25 公里的古朗拜斯遗址上。塔祖尔和提姆加德两个小镇在历史上均享有盛名。公

---

① 参见《法国激情：城市的声音》（Gilles Kepel, *Passion française. Les voix des cités*, Paris：Gallimard，2014，p. 149）。

② 参见 2013 年夏，巴黎现代艺术博物馆题为"建设、毁坏、重建：乌托邦的躯体"的展览。

③ 展览期间，另一张照片也引起了人们的注意：年轻的阿尔及利亚人栖息在地中海边缘的混凝土块上，梦想着几乎不可能的未来。在看起来如同废墟的土块之外，看不见但存在着其他的世界。

④ 关于这座拱门，摄影师写道："这些场景几年前在我父母居住的阿尔及利亚（欧勒马市）村庄里就出现过。位于罗马废墟上的村庄，在阿尔及利亚北部和东部比比皆是……在曾经容纳三千人的罗马剧院废墟里，在宏伟的拱门（应该是某个宫殿大门）前，孩子们嬉笑打闹，每日使用着那些印有特定文化和历史的物品，却与这些物品当初的功用毫无关联。罗马建筑，也即后来西方建筑的基本和创始元素，使这个建筑得以跨越了十几个世纪保留至今……直到今天也难以建造比这更好的建筑物……这座宫殿的残余部分至今仍立在田野中央，牛羊在它周围吃草，孩子们用它当作球门玩耍。"

元81年，在罗马帝国提图斯（Titus）的统治下，第三军团在此处建起了一个驻军城市，取名朗拜斯（Lambèse）。这座城市后来成为罗马帝国在非洲的军事首都。在塞维鲁皇帝（Septime Sévère，146－211）统治时期，征讨努米底亚王国的将领们也曾在这里驻扎。

或许这些踢球的少年能够记起，老师在课堂上讲过他们所居住的地区曾经被古罗马人攻占和殖民。这个地区位于北非大陆，被地中海所环绕，曾是帝国的一部分，罗马主子们的粮仓。公元3世纪时，古罗马军团放弃了朗拜斯，两百年后，蛮族柏柏尔人在这里横行蹂躏，最终，这个城市在拜占庭时代消失了。这一地区命运多舛。先是罗马帝国在这里殖民，后是法国的一系列入侵（即圣－阿尔诺元帅的时代），直到20世纪60年代阿尔及利亚共和国成立，才终于砸碎了现代的枷锁和链条。在此期间，塔祖尔城也曾以其他方式得以重建：19世纪中叶，法国统治者在那里设立了苦役犯牢狱，用来关押反对殖民统治的反抗者①。因此，阿提娜的作品中浓缩了这个地区两千年来的历史——即便没有显示，这幅照片也给我们带来对历史的联想，足球撞击在石门上的响声穿过这些记忆，在一个又一个世纪里回荡。地方与国家，古代与现代，殖民地与帝国的，非洲与地中海，基督教、伊斯兰教与其他宗教，一切交织在这个“无历史”的微场景里，其内涵比任何一个让人无所想象的平庸作品丰富得多。

我们再来谈谈足球。被阿提娜拍摄到的阿尔及利亚少年，与同一瞬间几千公里以外奥林达（巴西）少年一样，在16世纪由葡萄牙人建造的美丽城市里，在另一处殖民遗迹前释放着运动的激情。在

---

① 参见《殖民地法国制造：文化、民族认同和阿尔及利亚殖民化，1830—1851》和《法国和阿尔及利亚征伐》（Jennifer E. Sessions, *Making colonial france: culture, national identity and the colonization of Algeria*, 1830－1851, Ann Arbor, University of Michigan, 2005; *France and the Conquest of Algeria*, Ithaca, Cornell University Press, 2011）。

这个遍布互联网的星球上，网民们很快就会发现"废墟中的足球"主题正在成为一种摄影类型；而在伊拉克或者叙利亚，那里的废墟还弥漫着硝烟。足球见证着运动的无所不在，也嘲讽着地理的、政治的和宗教的各种边界。

这一起源于欧洲的运动凝聚了地球上很大一部分人口，已成为大众文化的重要组成部分，甚至成为西方化和当前全球化最显著的表现之一。[①] 在法国，足球服务于"在重构中对民族认同的一种朦胧和自恋的追求"[②]，在阿尔及利亚和巴西，则服务于尚未完成的身份认同。我们很清楚，离开万能的国际足联（FIFA），足球的全球化不过是其自身的影子。在塔祖尔，那种不择手段地利用数百万人的想象与冲动的体制不复存在，一切变得很简单。然而即使远离足球场，"足球生意"仍然困扰着这一被人为规定的舞台：在世界杯筹备期间，强加给巴西的国际足联标准（Padrao FIFA）被当地人认为是全球化对地方身份的一种攻击。巴西电影人克莱伯·芒东萨（Kleber Mendonça）对此愤愤不平："我们在这里集体回应国际足联的施令：国际足联希望指挥着我们在看球台上的举止行为，怎么坐、怎么吃、怎么喝，所有意见都是站在欧洲立场！"[③]

了解现在与重建过去一样复杂，必须从定位和考察背景的工作开始：包括确认由时刻或场景组成的不同历史层次、再现同等重要的时间和空间、通过图像寻找回忆，同时不能忽略外围的重要信息。步骤如此之多，皆需要一种历史的目光，一种连接远近知识的眼光，

---

① 参见《运动帝国：一种文化全球化的历史》［Pierre Singaravélou et Julien Sorez（dir.），*L'Emppire des sports. Une histoire de la mondialisation culturelle*, Paris, Belin, 2010］。
② 参见《世界报》文章《拥有法国灵魂的忧郁者》（Olivier Guez, «Les Bleus à l'âme française», *Le Monde*, 14 juin 2014）。
③ 参见《解放报》（*Libération*, 31 mais/1er juin 2014, p. 43）。

需要跳出欧洲的视角从多维度去考量。

塔祖尔的景象与欧洲不可分割——关乎古罗马或曾经殖民的法国。倘若没有罗马的殖民和法国的统治，这张照片就不会存在——这便是艺术家阿提娜为我们勾勒出的"现在"，她出生在法国巴黎大区的塞纳-圣-德尼省（Seine-Saint-Denis），祖籍阿尔及利亚。

《黑暗后的光明》

2012年，《黑暗后的光明》（*Post Tenebras Lux*）① 荣获戛纳电影节的最佳导演奖，让曾经质疑这个作品的人哑口无言。导演卡洛斯·雷加达斯（Carlos Reygadas）的代表作有《日本》和《天堂里的战争》，更具有"墨西哥风情"的《黑暗后的光明》备受观众们的期待。这部影片讲述了一个墨西哥中产家庭在库埃纳瓦卡（Cuernavaca，墨西哥城附近）山脚下度假的故事。

"很多时候，我们并不知道事情在发生之时的意义（除了极为肤浅的层面），一直到这些事情后来变得重要起来或者获得特别的反响。"② 为了阐明这个意图，导演雷加达斯重塑了成年人对生活经验、直觉、梦想、焦虑、噩梦、恐惧的所有感知和幼稚的信仰，从而编织出了各式各样的"现在"，对过去的回忆和对未来的预感，在混合了想象和现实、幻象和荒唐的虚构中互相碰撞：一家人来到木屋度假，木屋周围的热带雨林让人透不过气来，有角的红色魔鬼走进父母和孩子们正在酣睡的房间，四处窥探。这一画面极具墨西哥风格——对墨西哥稍有了解的人会发现，这个地区陡峭的地平线具有

---

① 国内又译《柳暗花明》。——译者
② 参见《卫报》文章（Carlos Reygadas, *The Guardian*, 14 mars 2013. http://www.theguardian.com/film/2013/mars/14/carlos-reygadas-post-tenebras-lux）。

很强的辨识性，就像被木屋吸引的混血土著一样易于识别——观众的感知和视觉都沉浸在了全球化的天地万物中。四海为家的中产阶级坚持其新时代的个人趣好，对其周围的底层民众漠不关心。为了介绍其他地方那平庸且不可逆转的"现在"，导演在电影中把我们带到巴黎的一个桑拿浴室里，又出人意料地用英国德比郡的运动场替代了墨西哥乡村。他解释说："橄榄球比赛能帮助观众们感知这种持续的现实，虽然身体不在场上，但是我们知道这种现实的存在。"①

然而，《黑暗后的光明》既不是一部关于墨西哥的电影，也并非讲述这个国家中产阶级的全球化。自 20 世纪末以来，这个国家一直是灾难频发的民间剧场，不断上演着暴力事件，影片结局的灾难很可能与这些事件呼应。但更有可能，该片不是指向当地某个场景或者拉丁美洲，而是指向其他的什么，展现着徘徊在鱼目混珠的世界主义精英与文盲百姓之间赤裸裸的"现在"。虽然电影发生在墨西哥山谷的森林和太平洋的热带田园景观中，却摆脱了老套的"异域"情调，指向一个全球的现实：那就是故步自封的传统世界与西方化资产阶级（实际上和穷人一样都是混血人种），只在欧洲或美国忙于做白日梦，却不直面眼前人世的现实。

这一现象以突兀且往往可笑的形式存在于所有发展中国家，当然也体现在走下坡路的欧洲中产阶级"白人"和无产阶级移民之间的隔阂上。实际上，这部电影与比利时达登（Dardenne）兄弟的作品、中国电影《天注定》《白日焰火》以及墨西哥罗德里戈·皮亚（Rodrigo Pía）的《区域》（La Zona）贯穿了同一线索：比利时的局势不稳定、失业和非法移民问题，羞辱劳苦百姓的中国新贵以及坐

---

① 参见《卡洛斯·雷加达斯访谈》（«Entretien avec Carlos Reygadas», Groupement national des cinémas de recherche, CNC, mai 2013）。

拥豪宅的墨西哥精英。勇敢的导演们通过图帧之间的共鸣，毫无粉饰地展现了一个世界的"现在"版本。雷加达斯镜头中的"现在"让我们感到困惑，因为这个"现在"没有陷入连贯的叙事框架中，它不断在"过去和未来的镜子"中倒映出来，却无法在昨天和明天之间划清界限。或者，如果我们愿意，也可以进入光明之前的黑暗中——正如影片《黑暗后的光明》。

亚马孙的盗版商贩

2008 年 9 月，圣塔伦——巴西帕拉州的第二大城市。在泥泞而拥挤的里约 - 塔帕霍斯河（Rio Tapajós）岸上，商贩们向游客兜售着各种商品，货摊铺设在相当于码头的空地上。所有人在等待着货物被装上船，逆亚马孙河而上进行运送：冰镇啤酒、烟熏食品、假首饰和各式各样的玩具，午后的骄阳炙烤着岸边成双成对的鬣蜥。

一名年轻的梅蒂斯人①向我兜售他卖的 DVD。约三十五个影片，碟面印有原版电影封面，装在软塑封袋中。这些影碟都是翻版，确切地说是盗版。在这样一个世界的角落，我居然还发现了亚洲影片。这些盗版光盘毫无障碍地流通着，从电脑数据变成数字产品，再从街头商贩到河边的顾客手中。影片种类很多：功夫片、香港恐怖片、韩国科幻片、喜剧片、文艺片（王家卫等执导），都是些价格低廉、让电影爱好者有新鲜感的作品。

这让我想起了一些旧事。16 世纪中叶，第一批欧洲书籍涌入了墨西哥印第安和南美洲安第斯山脉的村庄。欧洲的印刷技术和知识跨洋过海来到这里，而新世界尚未准备好迎接这第一波西方化的浪

---

① 人们对欧洲与美洲当地人混血后代的一种称呼。——译者注

潮。从宗教裁判所的记录中可以看出，当地人十分痴迷于西班牙的印刷品，甚至将其偷走：1561 年在萨卡特卡斯（Zacatecas），一名当地教徒安东尼因轻罪被捕，他辩解不过是为了虔诚地瞻仰圣人才偷了一幅刻满了圣像的版画。[①] 16 世纪的印第安人还不懂得如何翻印图书，却已经深谙交易之道：这位安东尼把赃物卖给了同样好奇这些书籍的印第安朋友。

如今，不识字不再是什么障碍，影像光盘的问世完美迎合了这一市场，狡猾的卖家和买家通过技术手段来观看盗版内容，无须文字阅读。相隔几个世纪，伊比利亚的全球化与我们当下的全球化虽然途径迥异，却也有许多共通之处：所有的全球化都调动了技术手段和洲际网络。从西班牙塞维利亚到墨西哥萨卡特卡斯，从中国香港到巴西圣塔伦。在上面两个事例中，情况几乎完全相同：文化殖民活动吸引了当地人的参与，尽管使用了走私或非法的手段：比如萨卡特卡斯的印第安人偷窃和倒卖被宗教裁判所"禁阅"的书籍，圣塔伦的混血盗版商贩游走在法律边缘——复刻亚洲电影。在墨西哥与在巴西一样，利益和好奇心是关键的驱动因素：虔诚教徒安东尼其实不只是为了观瞻圣像，他通晓印刷品上的西班牙文，却仍然毫无顾忌地将偷来的书籍倒卖给其他印第安人，一同分享违法的好奇心。

安东尼的盗窃不过是 16 世纪的欧洲书籍在洲际流通中被遗忘的一幕。若要了解书写、版刻和印刷在欧洲大陆传播的情况，首先应了解它们在美洲世界传播这个重要环节。全球技术所带来的塔帕霍斯河岸的盗版生意，将社会学、民族学与当下的外部现实对立起来。在萨卡特卡斯教徒身上发生的事，在塔帕霍斯骄阳炙烤下的河岸上

---

① 参见《16 世纪的书籍和书商》（Fernandez del Castillo, *Libros y libreros en el siglo XVI*, *Mexico*, Fondo de Cultura Económica, 1982, p. 40）。

发生的事，抑或罗马废墟的事，都远非一个封闭的微观世界或者地方性事件。只有当我们将这些事件从周遭事物中抽离出来，对其暂时性结果的宏大传播过程进行分析，才能凸显这些事件的实际意义。尽管存在巨大的时空差距，这些事例却互相印证了这样一个事实："本地"和"全球"处处相连。上述两个事件看似微不足道，实则说明了关键问题——那就是本地空间已经加入了跨洋地理。全球化的网络始于16世纪并且逐渐收缩，两个事件都是西欧推动下的全球化历史见证。在互联网诞生以前，欧洲的书籍已经征服了世界。在过去很长时间里，书籍像运货的交通工具一样，为世界各地普及着来自欧洲的知识，曾经被殖民的萨卡特卡斯和新殖民下的圣塔伦都努力适应着这种知识的传播。

因此，"现在"不只是对过去或未来的反映，还具有多面性，其深度随着地点而变化。我们大可不必理会这些"痕迹"，但只要我们严肃地去看，这些痕迹正是全球历史的基础，萌发于16世纪墨西哥和启蒙时代欧洲的出版业，500年后又在巴西和亚洲的电影公司之间重现。

"该如何上历史课?"

北非的塔祖尔、墨西哥的森林、巴西的圣塔伦，这些地区向我们展示了不同层级的"现在"并且拷问着历史学家。有时，问题也会更加直接地呈现出来。几年前在西班牙，一位年轻教师带领我参观了穆尔西亚大区的乡下，那里到处散落着穆斯林西班牙的遗迹。在他的课堂上，卡斯蒂利亚人与年轻的马格里布和厄瓜多尔移民坐在一起。2012年，这个省容纳有四万五千个厄瓜多尔人，其中洛尔卡镇（Lorca）就达到八千人。① 这里的老师该如何上历史课？这些学生一半是伊斯兰和美洲的西班牙征服者后代，另一半是被征服者的后代，应该如何给他们讲述伊比利亚历史？如何解释对摩尔人的驱逐？如何介绍美洲的征服？一半基督教徒，一半穆斯林，这些孩子的记忆不可调和。无论历史基础如何，对美洲"种族灭绝"的揭发都不符合西班牙传统，因为长期以来，这种传统都高举着新大陆获得者的"教化使命"的旗帜。

穆尔西亚的乡村课堂与前面的几个例子如出一辙：塔祖尔和圣塔伦为我们展示了今天的全球化世界——巴西的音像制品传播和阿尔及利亚的足球运动，穆尔西亚也一样，反映了西班牙的人口流动现象。只是穆尔西亚的现状更加明确地揭示了一个历史教学的棘手问题：如何从欧洲、美洲和非洲那复杂、充满冲突的过去中，提取可以让卡斯蒂利亚、马格里布和厄瓜多尔的孩子们能够在学校共同学习的内容？穆尔西亚并不是特例。欧洲各地都面临着这样的挑战，在法、德两国也一样。在列强以全球史名义塑造新的历史叙事或者在已有的民族叙事恢复排他性之前，我们或许应该设法首先对上述问题进行回应。

---

① 参见文章《移民穆尔西亚：探索和调查》（《La Murcia inmigrante：exploraciones e inves-tigaciones》，novembre 2004，http：//www. monografias. com/trabajos32/flujos-migratorios-internacion-ales-espana-murcia/flujos-migratorios-internacionales-espana-murcia. shtml）及《地理学论文》的文章《穆尔西亚的厄瓜多尔移民：洛尔卡的独特案例》（Victor Martinez Lucas et Joaquín David Romesra Franco，《La emigración ecuatoriana en la región de Murcia. El caso singular de Lorce》，Pape-les de Geografia，nº 40，juillet-décembre 2004，pp. 111 – 132，http：//www. redalye. org/articulo. oa? id = 4070400）。

第二章　过去的再现

美剧《权力的游戏》准确反映了我们星球即将发生的一切：一个新的中世纪，充满暴力、无序、自然灾害、战争割据、迅速崛起的权力斗争。《权力的游戏》所展现的世界，昭示着美利坚帝国衰落后新一轮中世纪的再现：无一稳定政权，一切变得皆有可能。

——雅克·阿塔利（Jacques Attali）①，

法国网站（*Slate.fr*），2014 年

我们应当如何认识法国以外，甚至欧洲范围以外的生活环境？如果世界不是对历史和文明的分类、分级或叠加，如果生活方式、记忆和想象之间的界限不断被模糊和重组，我们为什么不能舍弃过去，把握现在？

失忆的时代？

无论曾有过多么广泛的影响，历史也会随着时间的流逝，逐渐

---

① 法国政治和经济学学者、著名的政论家，曾被评为世界 100 位最顶尖的思想家之一。——译者注

被人们淡忘。大量历史总是以多种多样和出人意料的形式不断呈现出来或强加给我们。在欧洲，第一次和第二次世界大战所烙下的共同印记，在国家记忆、生活经历和家庭生活之间建立起的牢固联系，或许将在数十年间逐渐消失。这没什么好惊讶的，在此之前，所有重大事件均是如此：1870年的战争、拿破仑的征伐、巴士底狱的攻占。加速的感觉和时间的流逝不再是什么新鲜事，尽管对于很多人来说，不稳定且反复的考验加重了现在时刻的不确定性。[①] 慢慢积累起来的知识已经跟不上快速处理信息的能力，人们会越来越多地质疑各种形式的传统与经验。这一直是西方现代性的主要动力。比起过去，今天的一切更复杂、更不稳定，却更加显而易见，如同在当代复杂性的证明过程中所产生的信念一样。不失忆是一回事，批判记忆是另一回事。事实上，与穿过20世纪萦回于当代各个社会中的记忆相比，很多记忆都既没有那么强的人为性，也没有那么多的真实性。

首先，可以记录一切的摄影技术增加了大量记忆。每个历史瞬间的档案记录都是"被新生事物所纠缠的现代性之不育果实"[②]，已经成为与选择记忆和智力记忆背道而驰的一种惯性动作。在这种情况下，如何记录和保存成了一个难题，所需要的努力远远大过了记忆本身。我们为什么不在拍摄每个时刻的习惯之外，考虑其他固化和存档的形式呢？那种档案形式将不再专属于图像和文字的专家们，可以无限积累和增加，那种"记忆的表皮"即使长时间不活跃，也能够保持

---

① 参见《加速：对时间的社会批评》（Hartmut Rosa, *Accélération. Une critique sociale du temps*, Paris, La Découverte, «Théorie critique», 2010）。

② 参见《摄影的巡回语言》一书中的文章《档案的悖论》[Gabriela Nouzeilles, «The Archival Paradox», *in* Gabriela Nouzeilles et Graciela Montaldo（ed.）, *The Itinerant Languages of Photography*, Princeton, Princeton University Art Museum, 2013]。

在任何时候的敏感度，可以在晚些时候被激活以组织个人或家庭的记忆，甚至插入一个历史的建构中。那么，这种形式是什么呢？

历史的小趣味

现在，荧屏前的观众选择多样，电视频道、各类杂志和电影产业不知疲倦地重复过去的故事。这些"过去"往往与学者所重建的过去没什么关系，通常是"软"过去，就像法国电视频道每年夏天播放的那些节目，充斥着得势或丧权王后、秘史以及血腥刑具，深得观众喜爱。法国的两位王后玛丽·安托瓦内特（Marie Antoinette）、玛丽·莱辛斯卡（Marie Leczinska）和冒险家艾昂骑士（Éon）轮番登上荧屏，卡斯蒂利亚的伊莎贝拉①——既帮助哥伦布完成了梦想又主持了中世纪西班牙在美洲的暴行——也在荧屏上得到了新的演绎。不过，这些老套的节目多半是闹剧和娱乐的形式，只为博观众一笑。这些节目忽视了不同时期存在的问题，延续着陈词滥调，并不致力于从西班牙历史中引发观众的思考和批判。如今这个社会里，历史顶多被简化为文化历史，或者用来全方位地吹捧历史遗产，或者通过伟大人物长廊来得到展现，凡尔赛宫在其中当然占有一席之地。

在《历史的秘密》（Secrets d'histoire）节目中，观众通过对玛丽·莱辛斯卡的回忆重温了洛林地区，她是路易十五的妻子，是父亲斯坦尼斯瓦夫一世的心肝宝贝；观众跟随着伊莎贝拉女王，从塞维利亚到格拉纳达，欣赏了雍容华贵的安达卢西亚宫殿。② 主题公园

---

① 指西班牙伊莎贝拉一世（1451—1504），她与丈夫费尔南多二世完成了"收复失地运动"，资助了哥伦布开拓美洲大陆的航行。——译者注

② 此指法国二台自 2007 年开始播出的系列节目《历史的秘密》（Secrets d'histoire）。——译者注

和旅游景点可以很容易地呈现这种形式的历史，将对世俗的痴迷和对真实的崇拜结合在一起，以提升当地历史的格调：古老的石头、"自然"景观、宫殿、教堂、城堡和废墟，在声光的舞台效果映衬之下，修饰并重建了历史。

这种形式的节目可以追溯到法国 20 世纪 60 年代由阿兰·德古（Alain Decaux）和安德鲁·卡斯特罗（André Castelot）主持的电视节目传统，但是节目均被细致修剪过。还有人担心，如果节目总是面向专家，会因为过多的学术术语造成舆论或者观众兴味索然。历史学家的言语穿插在节目画面中，但是被精心限制了讲话时长、内容和措辞，就连文化频道也逃离不了这些惯例的做法。2014 年 7 月，一部以希波战争为题材的电影①为我们呈上了一坛历史的老酒，影片以戴米斯托克利（Thémistocle，公元前 524—前 459）的唯一政治策略来解释大流士（Darius）和薛西斯（Xerxès）的失败。我们不知道究竟该如何看待这些事件，至少自古希腊以来，人们的论见进展甚微。

在各种各样的纪录片中，杰罗姆·普里尔（Jérôme Prieur）和热拉尔·莫迪拉特（Gérard Mordillat）的《基督教起源》（*L'Origine du christianisme*）令人欣慰，这个系列为观众提供了宗教史方面的知识和相关问题意识，再次证明了纪录片不是歪曲事实的工具，如此知识化的电视节目可与最好的历史书籍相媲美。该纪录片取得了极大成功，并引起了法国教会的关注，教会也承认："这些成果的积极方面超越了其破坏性的影响，启发了一种健康的对神学知识的努力研究，将促使人们重新审视基督教义的历史和传统，以便更好地理解基督教义并在其指导下生活。"② 然而，这种反思性节目却是大多数

① 指法国艺术频道电影《以雅典人之名》（«Au nom d'Athènes», *Arte*, 12 juillet 2014）。
② 引自法国主教教义委员会工作组纪要（Note du groupe de travail de la Commission doctrinale des évêques de France, 23 mars 2004）。

电视频道和电视制作人所极力回避的。娱乐大众的历史节目无疑会扼杀思想，是对观众蔑视的一种表现，可以说这类节目的制作人自愿显露出他们的无知。

《凡尔赛宫秘史》

各种历史题材的创作在极大程度上保留了"过去"的勇武成分——人们可以通过武功歌①追溯到遥远的中世纪。19 世纪，传奇戏剧的流行、出版业的兴起、作家的才华使历史题材的创作达到顶峰。进入 20 世纪，电影、广播、电视等新媒体层出不穷。我们可能还记得法国戏剧和电影人萨沙·基特里（Sacha Guitry）的一些贡献。他将法国的历史拍成影像作品，如《凡尔赛宫秘史》（*Si Versailles m'était conté*，1954）、《巴黎秘史》（*Si Paris m'était conté*，1955），这些影片在电视刚刚兴起的时候就已经传遍千家万户。在美国，伟大的好莱坞电影一直希望重振西方世界的过去，题材涵盖了从《圣经》到第二次世界大战。《宾虚》（又名《一个男人的复仇之路》）（*Ben Hur*，1959）、《埃及艳后》（*Cléopâtre*，1963）拥有数百万不同年龄的观众，影响不容低估。近些年，我们有幸又观看到诸如《罗马》（*Rome*，2005）、《都铎王朝》（*Les Tudors*，2007）、《波尔吉亚家族》（*Borgia*，2011 – 2013）等历史剧集，以及下文我们将谈到的中国历史剧。

这些电视剧通过丰富的手段，尤其是极具吸引力的视觉效果，重塑着各种历史，挑战着我们头脑中对这些社会历史的刻板印象，

---

① 武功歌是在法语文学开端出现的史诗，已知最早的武功歌出现在 11 世纪晚期和 12 世纪早期，在游吟诗人的抒情诗和最早的骑士诗之前。——译者注

并与电影业产生了竞争。历史和小说之间的界限再次模糊，因为剧集的快速节奏并不排斥"原始"的历史信息：在《罗马》的 DVD 版本中，情节的展开与历史评论齐头并进，观众在旁白的带领下走进了古罗马时代，色情和暴力镜头更让观众从头到尾都目不转睛。

当今的同类作品非常多，有些同时以电视剧、电子游戏出版发行，如美剧《权力的游戏》(*A Game of Thrones*, 2001 – 2015)，改编自乔治·马丁 (George R. R. Martin) 七卷本小说《冰与火之歌》(*A Song of Ice and Fire*)。该剧所展现的"过去"唤起了全球很多观众对中世纪的回忆，西部大陆（维斯特洛）与东部大陆（埃索斯）的对抗，暴力的喧嚣和性爱的放纵吸引了无数观众。我们不关心该剧是否从 15 世纪英国的"红白玫瑰战争"或"现代的曙光"时代[①]借取了情节，其重要性在于引发了"无与伦比的全球恐慌"，并且已发展成为"世界西方化的加速因子"[②]。为了在社交网络上获得成功，该剧又开发了电子游戏 (2012) 以及后来的大型多人在线角色扮演游戏 (2014)。《权力的游戏》和原作《冰与火之歌》启发了我们，历史学家至少应秉持两个原则：一、开放的历史原则永远不会对自身关闭；二、多个历史原则与观点的多样性相互构合，这些观点在不同阶段相互衔接。"在一个既讲述故事又消费故事的人类世界里，我们不再期待毫无深度的平铺直叙，或许注定要经历永远不会结束的游戏。"[③]

这些频繁出现在电视中的历史故事被文化产业和大众文化所格

---

① 指 15 世纪英格兰约克和兰开斯特两王室之间的斗争和工业革命时期。——译者注

② 参见网络文章《权力的游戏：即将到来的中世纪》(Jacques Attali, «Game of Thrones, le Moyen Âge qui vient», *Slate. fr*, 10 avril 2014, http：//www. slate. fr/story/85815/games-of-thrones-moyen-age-attali)。

③ 参见《大学学人报》文章《无尽的权力游戏》(Craig Bernthal, «Endless Game of Thrones», *The University Bookman*, été 2012, kirkcenter. org)。

式化，与其说是给观众讲述历史，不如说是影射现在。不管是聚焦历史还是完全虚构，这些"过去"满足了出版商、电视台和各类制作人所设定的消费及知识水平。历史小说中的幻想和历史杂志所唤起的重复感、对细微问题的一贯回避均由此而来［如托尔金（J. R. R. Tolkien, 1892 – 1973）的作品①］。对于一部敢于涉及宗教问题并质疑犹太教、伊斯兰教和基督教的剧集，比如纪录片《基督教起源》，有多少期刊、文章和电影敢于呈现这样的历史形象？又有多少人还在陈词滥调上随波逐流？事实上，欧洲游客在路过巴西北部时，十分惊讶于在这里看到大量有关德国第三帝国的出版物，也对极少有反映亚马孙严酷现实的出版物而感到震惊。

纪念的狂热

自 19 世纪以来，政府、媒体和公众舆论所面对的一个个纪念日有规律地标志了集体记忆，对此，西方世界已经无法抗拒。1992 年举行了"发现美洲"500 周年庆，2000 年举办了"发现巴西"纪念，这些活动都是些蔚为壮观又在科学上令人失望的例子。

事件离我们越近，时间和空间上的棘手之处越多。距离、无知或漠不关心的态度有利于法国人平静地看待哥伦布（C. Colomb, 1451 – 1506）发现新大陆或卡布拉尔（Pedro Álvares Cabral, 1467 – 1520）发现巴西。纪念阿尔及利亚战争结束 50 周年策划的提出和被采纳，则带来了更加令人尴尬的问题。法国总统弗朗索瓦·奥朗德（François Hollande）任期的最初几周里，一家重要晚报对这位总统任职期间的将要庆祝的历史纪念日表示担心：第一次世界大战爆发 100

---

① 指托尔金最出名的小说《霍比特人》《指环王》等。——译者注

周年（2014 年）、亚美尼亚种族灭绝 100 周年纪念（2015 年）和阿尔
及利亚独立 50 周年。① 历史就像个雷区，布满陷阱，抵消了这些庆典
在政治和经济上所预期的回报。在这些活动中，要把回忆缩小到一个
"历史纪念舞台"的层次，预示着每次都要通过再次揭开伤疤甚至是
撕裂根本没有愈合的伤口，来打破国家共识或者欧洲共识，但是，这
些创伤从未被正视过。第一次世界大战爆发 100 周年纪念的例子极具
说服力：法国负责庆祝活动的委员会认为："这一活动将使法国成为
全球'回忆旅游'的重要目的地"②，他们满怀热情地举办了盛大庆
典，因为"整个法国社会已开始行动起来回忆战争了"。值得注意的
是，法国的邻国和伙伴——德国人却从另一个角度看待这个问题。在
德国，"他们对第一次世界大战的回忆持续受到……整体失信、绝对
否决的影响"③ 提醒我们，这些人为的、危险的记忆制造都说明了
"现在"只是过去苍白的反映，而不是未来的开始。

　　上一个五年任期里，奥朗德总统没少费心与过去做斗争。他曾拿
出儒勒·费里（Jules Ferry, 1832 – 1893）这个矛盾的人物来自找麻
烦——儒勒·费里尽管是法国公立学校创始人，但同时也是"殖民化
的强势捍卫者"。奥朗德的前任尼古拉·萨科齐（Nicolas Sarkozy）在
向高中生宣读居伊·莫盖（Guy Môquet, 1924 – 1941）④ 的信件时也
摔了一跤——重拾大屠杀儿童受害者记忆的愿望同样未能实现。

　　与其被动地等待最后期限的到来，人们更愿意主动出击。这是

　　① 参见《世界报》文章《奥朗德面对历史的陷阱》（Thomas Wieder, «Hollande face aux piège de l'HIstoire», Le Monde, 26 juillet 2012）。
　　② 参见《世界报》文章《从五十周年到一百周年：更新的记忆》（Joseph Zimet, «Du cinquantenaire au centenaire, la mémoire renouvelée», Le Monde, 15 novembre 2013）。
　　③ 参见《世界报》文章《德国：一场谨慎的大战》（Étienne François, cité par Frédéric Le maître, «Allemagne: une discrète Grande Guerre», Le Monde, 15 novembre 2013）。
　　④ 法国共产党武装分子，牺牲于第二次世界大战德军枪下。2007 年萨科齐在法国总统竞选期间引用了他的事例。——译者注

萨科齐在启动"法国历史之家"项目时的初衷，旨在"强化我们的身份，即文化身份"。然而总统的倡议远未得到一致通过，因为"历史之家"给人的印象不过是一个空壳。从右翼公共政策的角度来看，萨科齐的想法始于雅克·希拉克总统（Jacques Chirac）2000年在卢浮宫设立"原始艺术"部和凯布兰利博物馆（Quai Branly）之时。在"法国历史之家"敲响"本地"（这里指国家领土）的回归之钟以前，希拉克的创举业已转向了媒体镜头所关注的西方郊区，那里的"原住民"被匆匆受洗，纳入"本地"。

希拉克总统曾经率先赞扬与西方形成鲜明对比的艺术和人口，换句话说，他重视空间和时间上的远方。然而，他在任期间，布洛涅公园还是失去了里面的民间传统艺术博物馆（2005）[①]，那里曾展示了不久以前的法国及周遭，而且博物馆关闭后很快就被遗忘了，似乎我们的同胞缺乏从"本地"向"全球"转变的智慧和勇气。其实在凯布兰利博物馆的高台上，所谓的"全球"仅汇聚了全球的三个地区，欧洲被排除在外[②]，也丝毫没有展现各部分世界之间的融合与冲突历史。尽管自开幕以来也策划了一些再现历史纷乱的展览，但是该博物馆还是更侧重审美和民族学角度，甚至是对建筑师意愿的尊重。

总之，每一次，历史都被处理得非常糟糕。要么被规避——正如在凯布兰利博物馆或卢浮宫的原始艺术部；要么触及了敏感领域，不管立场如何，牵涉的政治领导人很可能丢了面子。即便是涉及中世纪的历史也一样危险。例如，圣女贞德（Jeanne d'Arc, 1412 –

---

① 民间传统艺术博物馆（Le musée national des Arts et Traditions populaires）位于巴黎第十六区，建于1937年，2005年关闭后，藏品转于马赛的地中海与欧洲文明博物馆。此处意在对比民间传统艺术博物馆的"本地化"与凯布兰利博物馆的"全球化"。——译者注
② 该博物馆又称非洲、亚洲、大洋洲和美洲文明艺术博物馆（非欧洲文明），位于巴黎埃菲尔铁塔脚下。——译者注

1431）诞辰 600 周年的庆祝活动，萨科齐总统 2012 年 1 月在沃库勒
（Vaucouleurs）的演讲也提到了贞德——然而，这种引用真的有助于
"在国家建设形式上开展更为丰富的辩论"吗?①

　　当涉及国家事务时，历史纪念之路荆棘满布。一旦超出了共和
国的领土，事情便复杂起来：犹太或亚美尼亚大屠杀纪念、阿尔及
利亚独立 50 周年或儒勒·费里参与的殖民活动，均激起了六边形领
土②以外的记忆。所有这些事件都对法国与欧洲、法国与世界其他地
区的关系提出了疑问。一旦我们越过边界，就会陷入陌生境地，变
得无知和充满偏见。凯布兰利博物馆本来有机会促使人们思考法国、
欧洲与其他世界之间的关系，然而，由于博物馆的视野排除了欧洲
大陆，其展览无助于将欧洲的遗产与周围联系起来，这样便难以衡
量欧洲——通常作为破坏者对全球其他社会造成的影响。

　　面对本土时尴尬窘迫，面对其他地区时又笨手笨脚，处处受阻，
总之，政治家手中和各大政府机构所掌握的历史，都在苦于应付当
代广泛全球化的多重面孔。

全球化的历史

　　除了历史纪念日，其他庆祝活动往往会向我们提供更加广阔的
视野。伦敦奥运会（2012）的开幕式和闭幕式展示了英国在 20 世纪
下半叶的非凡的音乐声像创作水平。"这是一场英国历史与文化的庆
典……一堂生动的英国历史课揭开了开幕式的序幕"，《卫报》评价
道："大不列颠的国际存在已经日落黄昏，对于这个后帝国主义的强

---

　　① 参见《世界报》文章《失去光彩的少女》（Nicolas Offenstadt, «La pucelle sans orip-
eaux», Le Monde, 30 janvier 2012）。
　　② 法国本土呈正六边形状，指法国在欧洲的领土。——译者注

国来说，开幕式是一个更为揪心的挑战。"① 事实上，这个开幕式
"既经典又一度不被看好"，导演丹尼·博伊尔（Danny Boyle）将英
国往昔搬上舞台，引起了全球观众的重新思考。这场声光大秀从伦
敦闪电战（1940—1941）到披头士乐队，从民族史诗到全球化文化
产品，徐徐拉开的序幕展现了从乡村英格兰到工业革命帝国的飞
跃——观众们沉浸在历史书所记录和生产的回忆与过去中。这不只
是一场音乐史的回顾，因为无论在社会、金融甚至是全球维度上，
英国流行音乐的诞生和传播都是文明现象的重要代表。

　　整个开幕式缺乏对未来的展望，却增强了对过去的庆祝氛围。
如果不是坚持用接连出现的数字来庆祝赞助商、奥林匹克运动和文
化产业的胜利联姻，那么整个仪式本该充满怀旧感。以往作为历史
壁画背景的伦敦体育场，如今以巨型的声光之夜形式呈现在观众眼
前。这个无与伦比的历史课堂里挤满了八万观众，直播屏幕前的世
界各地观众更是数以亿计。

　　在奥运会开幕式的形式上，英国汲取了这个星球上其他国家的经
验，开幕式与盛大的庆祝仪式联系在一起，同纪念日一样，开始标记全
球的记忆。与纪念日形成鲜明对比的是，开幕式不是用来创造过去的某
个国家或欧洲事件的纪念活动，而是标志着奥林匹克运动会的周期性回
归，使地球上某一个地区备受瞩目。更确切地说，2012 年的伦敦奥运
会是几周前举办的女王庆祝活动的一个补充或者极大延伸。②

---

① 参见《卫报》（Martin Hyde, *The Guardian*, 28 juillet 2012）。
② 2014 年索契冬奥会的开幕式则恰恰相反：从各个角度结合民族主义，并在结构主义的
表演中复苏布尔什维克革命。开幕式拒绝了传统的主题：民间传说、音乐剧——19—20 世纪
俄罗斯音乐（鲍罗廷、柴可夫斯基、斯特拉文斯基、施尼特凯）的伟大经典，以及家庭主
题——当前俄罗斯鼓励生育政策和反同性恋的政治基调。在一种致敬于苏联时代的精神中，主
办方通过古典音乐和伟大表演者（瓦列里·古克里耶夫、安妮塔·特雷布科）与世界其他地
区对话。这是一种逆转西方潮流的方式，通常倾向于将古典遗产普及于大众文化。

中国与世界

早在 2008 年，中国也通过奥运会带领世界重温了自己的历史。这场开幕式的导演张艺谋执导过电影《大红灯笼高高挂》（1991）和《英雄》（2004），他用声像为观众带来了一场史诗般的庆典。与英国遇到的问题一样：如何在 21 世纪的全球舞台上历史地展现自己？实际上，这位中国导演受到另一位第七艺术①大师史蒂芬·斯皮尔伯格（Steven Spielberg）的启发，不过后者以抗议世界这一部分地区的人权问题为由，拒绝参与北京开幕式的设计。

在张艺谋的设计和指导下所呈现的过去，除了展示边疆民族或民间风情，更与国家的指示密切相关——在连接繁荣的现在和帝制的过去基础上进行构思。儒家、秩序与和谐等主题②组成了具有统领性的宏大史诗，这是开幕式希望向全球观众传达的信息。

与伦敦一样，开幕秀在两个方面用力：希望向全世界展示中国式的"软实力"，同时不断向中国人民传送信息。"从这个角度来

---

① 指电影艺术。——译者注

② 参见以下文章《打破为奥运会打造的好中国形象》（Ken MacQueen et Jonathan Gatehouse, "Breaking out the Good China for the Olympics", *Maclean's*, Vol. 121, n° 33, 2008, pp. 42 – 45）、《西方想象中的北京奥运：软实力的弱势》（Wolfram Munzenreiter, "The Beijing Games in the Western Imagination of China: The Weak Power of Soft Power", *Journal of Sport and Social Issues*, Vol. 34, n° 1, 2010, pp. 29 – 48）、《奥运会如何影响美国对中国的态度：超越人格、意识形态和媒体曝光》（Peter Hays Gries, Michael Crowson et Todd Sandel, "The Olympics Effect on American Attitudes towards China: Beyond Personality, Ideology, and Media Exposure", *Journal of Contemporary China*, Vol. 19, n° 64, 2010, pp. 213 – 231）、《北京奥运会：对中国来说意味着什么》（Susan Brownell, *Beijing's Games: What the Olympics Mean to China*, Lanham, Rowman & Littlefield, 2008）、《中国的地平说：历史和 2008 年 8 月 8 日》（Geremie R. Barmé, "China's Flat Earth: History and 8 August 2008", *The China Quarterly*, Vol. 197, 2009, pp. 64 – 86）、《中国的 2008 年：极为重要的一年》[Kate Merkel-Hess, Kenneth Pomerantz et Jeffrey N. Wasersrrom (ed), *China in 2008: A Year of Great Significance*, Lanhain, Rowmari & Littlefield, 2010]。

看",波尔·盖伦（Poor Galen）指出:"很明显,仪式展现了国家设定的价值观和规范,建立起东西方之间的横向关系,同时告诫中国人民应该如何在国际舞台上表现自己。"① 北京奥运会开幕式可以看作中国对建立一种新世界史的贡献。舞台上所展现的过去旨在唤醒大众,但目标不是西方人。沉默的过去与发声的过去一样具有说服力。开幕式突出了历史上伟大王朝的文化庆典,颂扬了15世纪郑和下西洋和中国人的四大发明,展现了当代繁荣的中国建设。只是没有谈及西方,似乎西方只属于一种异国情调。开幕式跳过了19世纪——西方帝国主义的胜利入侵以及20世纪的大部分时间,或许过多地谈论19世纪的冲突和毛泽东革命可能会让西方人感到不安。

但是,西方从来没有在这个画面中缺席过。当开幕式用欧洲人的符号或标志来说明中国文明的进步时,西方才隐隐出现在画面上。中国的伟大发明悉数登场:纸张、火药、指南针、印刷术,尽管是面向中国本土观众,但西方人对这些物品也很熟悉,因为它们在欧洲文艺复兴时期曾被作为认同和宣扬身份标识的发明——诚然,这些发明的归属是有争议的,中国也在不断添加这个发明名单。事实上,在现代初期,中国的先进性就已经通过这四大发明植入了欧洲人的头脑里。于是,这样一个舞台便具有双重意义——既展现了中国科技成就的卓越,又回顾了中国与世界其他地区长达数百年的联系。

却因此也存在着一个矛盾:如何从欧洲的范畴和利益出发来重写中国的过去,尤其是站在确保西方霸权地位的角度?自18世纪以来,东方主义为中国构建了一种固有的衰落观念,如果天朝被承认

① 参见2012年维多利亚大学博士学位论文《在北京奥运会上重新审视过去》（Poor Galen, *Reimagining the Past at the Beijing Olympics*, thèse, Departement of Pacific and Asian Studies, University of Victoria, 2012, http://hdl. handle. net/1828/3911）。

曾经发明过纸张、火药、指南针、印刷术,那么西方便迫不及待地回忆起中国政府曾经的昏庸无能,没能像欧洲人那样很好地利用这些技术。那么,中国导演是否只是把这些老套的东西搬上舞台以强调其真实性?其实不然。张艺谋的手法更为老练,过程更为复杂。开幕式没有直接使用这些象征,却系统地将它们与中国过去的辉煌融合在一起,于是那些早期东方主义的陈旧说词变成了中国宏伟前途的预示。用这些概括化的符号来展现世界伟大文明之一,是再好不过的设计了。

我们可以通过 20 世纪中期的汉学家李约瑟(Joseph Needham, 1900 – 1995)和孟席斯(Gavin Menzies)的畅销书《1421 年:中国发现了美洲》(*1421: l'année où la Chine a découvert l'Amérique*, 2002)来了解郑和这个人物。这位海军元帅和伊斯兰教信徒,在亚洲海域指挥了数次探险,带领着几百艘舰船,甚至可能到达过西非海岸。①孟席斯毫不犹豫地在书中将美洲的发现归功于郑和,这种观点自然招致了西方的学术批评,但仍然无法阻止数百万读者自愿被历史的"秘密"所哄骗。事实上,对这些探险的关注是构建世界历史的重要基础。英国学者李约瑟对中国远征之广度和先行性的认识不是没有道理的。出于多种原因,他在当时已经开始反对欧洲历史方面的欧洲中心主义和西方科学的傲慢。②通过强调中国的和平扩张,李约瑟批评了欧洲的探险家,正因为这位英国科学家,中国海军元帅从此

① 参见《郑和:明初中国与海洋(1405—1433)》(Edward L. Dreyer, *Zheng He: China and the Oceans in the Early Ming*, 1405 – 1433, Londres, Library of World Biography Series, Longman, 2007)。

② 参见《世界历史学报》文章《李约瑟〈中国文明与科技〉中的中国、西方和世界史》(Robert Finlay, "China, the West, and World History in Joseph Needham's Science and Civilisation in China", *Journal of World History*, Vol. 11, n° 2, automne 2000, p. 283, http://www.jstor.org/stable/20078851)。

成为中国式扩张和探险的英雄，站在了自 15 世纪以来欧洲人破坏性
殖民方式的对立面。英国海员作家孟席斯走得更远，他将郑和塑造
成为中国的哥伦布，却是一个正面的哥伦布，不会导致整个大陆的
奴役。通过李约瑟和孟席斯，中国成为或者说又一次成为世界历史
的中心。

　　如果说汉学家李约瑟的著述太过学术的话，孟席斯的作品则颇
受机场读者的欢迎，是"世界历史"书架上的必卖书籍，吸引着从
巴黎到纽约、从圣保罗到香港的成千上万的读者。读者并没有意识
到，旧的欧洲中心主义正在与新的中国中心主义的对抗，西方人从
这样一本摒弃西方人、推崇中国人的书籍中找到了乐趣。在这本书
中，我们可以看到大众历史的堕落，对事实和文献的玩弄，还有对
失去批判意识的读者的嘲弄。在《1421 年：中国发现了美洲》以及
后来的《1434：华丽的中国舰队驶向意大利并照亮文艺复兴》
（ *1434：l'année où une magnifique flotte chinoise a fait voile vers l'Italie et
allumé la Renaissance* ）两本书中，追溯时间的机器已经驶离国家历史
的水域，开发了所有可以引起谈资的看点，开始制造另一部世界史。
于是，中国当局立刻重视起郑和来，在纪念中国在航海技术上曾经
超越西方的同时，反对他们认为具有侵略性的西方化的种种过分行
为。① 2005 年，中国在全球举行了郑和下西洋 600 周年纪念活动，
实则是对哥伦布环球航行 500 周年的回应。不同于那些屠杀扩张型
的海上探险者，中国在强势崛起的同时采取了睦邻政策。"郑和的重
要贡献不在于展示中国当时的海军实力，而在于他所代表的一个强
大国家所采取的和平外交手段……没有占领一寸土地，没有建造堡

---

　　① 参见文章《郑和之旅：重新评估》（Geoffrey Wade, "The Zheng He Voyages: A Reas-
sessment", Asia Research Institute, *Working Papers Series*, n° 31, National University of Singapore,
October 2004 ）。

垒或窃取宝藏，郑和下西洋的目的是与其他国家保持友好关系。在我们看来，郑和七下西洋是中国历史和平发展主张中合乎逻辑的结果。"① 官方版本抹去了郑和及明王朝统治者的帝国主义层面，用现在重塑和弥补了过去，以可接受的方式呈现出中国的雄心壮志，并重申了这个国家的国际使命。重申四大发明的归属和扭转局面的决心充分体现了中国历史全球化的特点。

孔子是这堂世界历史课的第三个元素。这位如今再次被中国政府推崇的圣人在两方面发挥了作用："建设和谐社会"和"儒学推广国际化"。对于张艺谋及其智囊团来说，回顾过去和复兴儒学是为了重新发现中国过去的核心。在中国，历史剧更多的功能是为了简单地总结历史或者娱乐大众。中国走过了理想化的、一贯占有的帝制历史，在各种宣言中都拒绝对霸权地位的向往。理想化是一种普遍情况，2012 年的伦敦奥运开幕式也未逃脱这个法则，然而，正在全球棋盘上崛起的中国，却不以重提往或者必胜的姿态呈现在国际舞台上。

曾经的东方

21 世纪初，除了官方纪念活动，历史的全球化还伴有多种手段的支持：电影、漫画、电子游戏、互联网……我们可以从中得出若干结论：正在传播的框架和素材的迅速增多，劣币驱逐良币，解析世界各地多样手段的困难，以及来自其他地区历史的竞争——这些历史对于西方的过去在全球大部分地区占据主导地位提出争议。更明显的是，

---

① 参见文章《论中国的"和平崛起"：古代水手的韵律》（C. Raja Mohan, "Debating China's 'Peaceful Rise': The Rhyme of the Ancient Mariner", *Economic and Political Weekly*, Vol. 39, n° 30, 14 août 2004, http://www.jstor.org/stable/4415413）。

如此被构建的过去，受限于创作者的想象力和技巧。因此，单一的证据有多含混，真实的情况就有多隐晦，如同虚构小说《达·芬奇密码》(*Da Vinci Code*, 2003) 的成功，孟席斯的大作也抵制住了各种质疑，因为读者根本不在乎内容是否真实。

让我们回到中国的例子上来。中国通过电影在纪念舞台上华丽亮相，伟大的历史宏幅在北京奥运会的开幕式中达到高潮。这幅画卷处处讲述了中国英雄的故事，其波折经历和历史背景通常为世界其他地方所不知。总体来说，这些中国电影里富有历史教学意义的内容更加有效和有害，即使有文化教养的公众也不一定能参透其中奥义。1998 年，陈凯歌导演的《荆轲刺秦王》讲述了公元前 3 世纪的故事，让我们看到秦国的继承者嬴政如何称霸七雄，统一中国；2000 年，李安导演的《卧虎藏龙》把全球观众带回了 18 世纪的中国；2004 年，张艺谋的《十面埋伏》展示了唐代民间反抗朝廷势力的英勇，2007 年的《满城尽带黄金甲》同样发生在唐朝；同年，吴宇森导演拍摄了《赤壁》，呈现出中国古代赤壁之战的过程。

这些作品改编自小说，但是为了突出效果，改编力度很大。这些影片从未怀揣历史纪录片的雄心壮志，却灌输给观众一个个具有深刻背景的中国历史画面。不过，比起与西方民主价值观相对立的政治实践的合法化或平民化，这些强烈的、引人入胜的中国历史形象仍然是短暂的印记。《英雄》以颂扬中国的第一位皇帝秦始皇收尾。西方媒体《乡村声音》发表评论说："《英雄》中充满了莱尼·里芬斯塔尔 (Leni Riefenstahl, 1902–2003) 式的激情，不只是包含了'崇拜'观念，还体现在电影标题本身的暗示以及张艺谋向《意志的胜利》(*Triomphe de la volonté*)① 或《星球大战》(*Star Wars*) 的

---

① 莱尼·里芬斯塔尔 (Leni Riefenstahl) 1935 年拍摄的影片。——译者注

致敬方式。《英雄》中宏伟的帝国装饰……剪辑的粉饰效果、伦理家的传统主义、凌驾于法律之上的统治者在国家伟大祭坛上的自我牺牲之荣耀，更不用说可以重振政治更迭的驱动力，这一切都唤起了对法西斯主义的迷恋。"①

　　这些电影极为有效。武术使影片的节奏极富动感，正如《卧虎藏龙》里面在袁和平指导下的高手们，任何距离都可以跃身而过。然而，由于缺乏对中国历史基本知识的认知②，人们如何辨别这些电影是虚构的历史还是纯粹的宣传？事实上，只需将这些电影看作娱乐文化便可以消除这些担忧，除非观众们在其影响下能够发现世界历史记忆的真实迹象。

孔夫子与阿凡达

　　尽管如此，中国电影还是没能征服人们对世界的想象。相比中国电影来说，好莱坞机器确实出色得多。2010 年，中国拍摄了电影《孔子》（*Confucius*），这部电影呼应了在中国获得极高票房的好莱坞大片《阿凡达》（*Avatar*，2009）。但是《孔子》的运作失败了，官方倡议的儒家思想比不上"策略正确"的未来观——《阿凡达》大肆攻击了殖民思想和颂扬受害者，得到观众们的青睐。西方的善恶意识至少可以追溯到巴托洛梅·德·拉斯·卡萨斯（Bartolomé de Las Casas）③ 的谴责以及他为美洲印第安人所作的斗争。扬善惩恶仍

---

　　① 参见《乡村声音》（*The Village Voice*, 17 août 2004）。
　　② 以及产生这些影片的国际金融操作秘密。
　　③ 16 世纪多米尼加传教士，西班牙历史学家、作家（1484—1566），因谴责西班牙殖民行为和维护美洲土著权利而著名，其著作《西印度毁灭述略》是揭示西班牙殖民者种种暴行的重要文献。——译者注

然是电影的主要题材，并在电影特效的表现下焕发出新的生命力。这部影片在韩国的 3D 甚至 4D 放映厅里大受欢迎。向"西方价值观"的转变过程中，各文明间的混乱与撞击①、种族主义的践踏、大自然的破坏、文明间的交锋②、原生野蛮人的神话都被利用起来。相比之下，《孔子》则更为平淡。尽管导演胡玫在这位大思想家的生活中增添了美丽的卫灵公夫人与几场激烈的战斗场景，并请出曾为吴宇森电影担纲主演的周润发来扮演孔子，仍无济于事。在中国的放映厅里，东方圣人的故事还是输给了西方的老套情节，中国博主韩寒夸张地评价《孔子》："这又是一部我们可以完全放弃的影片。"③

此罗马非彼罗马

通常来说，"异域"指其他地方、远方，也就是非西方的地区。到了 17 世纪，这个概念在欧洲最终深植于西方人的想象中，成为不可回避的范畴之一。然而，人与社会之间的距离越小，异域与本土之间的界限就越模糊，西方人失去了对异域的独占。实际上，亚洲电影在以他们的视角去描绘美洲之时，便已剥夺了西方人的垄断：例如在《春光乍泄》（*Happy Together*, 1997）中，王家卫所展示的布宜诺斯艾利斯和阿根廷乡下，其画面和感受与欧洲或西方人眼中的阿根廷毫无联系；李安的《断背山》（*Brokeback Mountain*, 2005）以美国的自然风光为背景展现了同样题材的故事，在两个悲剧的牛仔男孩身后，壮丽景色一如《春光乍泄》中的伊瓜苏瀑布之磅礴。如

---

① 例如《翡翠森林》（1985）、《魔法公主》（1997）。
② 例如《与狼共舞》（1990）。
③ 参见 http://www.chinasmack.com/2010/bloggers/han-han-congfucius-movie-review.html。

今，美国的城市与乡村已经成为亚洲创作者的想象素材。①

这种迁移可以产生惊喜。这些故事扭转了我们的视点，用画面的力量将我们带回过去。有时，对于其他世界来说，我们的古代世界也是一种异域。比如山崎麻里的漫画《罗马浴场》（*Thermae Ro-mae*, 2008）将读者带回了古罗马。② 主人公路西斯生活在哈德良时代③，他每次出现在浴盆里，就会穿越到当代日本中心的浴室中；每次穿越，他都将日本的发明带回罗马帝国，就这样，日本成为古罗马革新和改进的灵感源泉。

这种创作理念看起来似乎庸俗得令人唏嘘：山崎麻里用漫画探索了世界上两处"最热爱泡浴的文化：日本和古罗马"④。然而，水下的沟通瞬间把罗马帝国与日本联系起来，这本身就是一个奇观。尽管故事写得一般也画得一般，但是，漫画在时间上奇怪的倒置完全没有影响百万读者对故事的钟爱。《罗马浴场》的成功之处不是简单地将古代或当代世界联系在一起，而在于将罗马的过去与日本的现在接通。那么在这个日式的古代罗马或在芸芸众口中的现代日本社会里，"异域"栖身何处？新奇之处来自历史意义上的反转。漫画的每一页在诠释和具象化了古罗马的同时，一再提醒我们这是在日本；从日本人的角度阅读这本漫画时，好像时光倒流。如此一来，我们便可以理解拉丁文字强势回归的现象了。这里所说的拉丁文是"活"的语言，是作者摆在我们眼前的语言，但与《高卢英雄传记》

---

① 当然也可能是巴黎的城市与郊区，如在中国导演娄烨的《花》（2011）中。

② 自 20 世纪 80 年代末，漫画的国际传播和改编开始成为全球的热潮。参见《日本当代社会的文化力量：成人漫画》（Sharon Kinsella, *Adult Manga. Culture & Power in Contemporary Japanese Society*, Honolulu, University of Hawaii Press, 2000）。

③ 哈德良（Publius Aelius Traianus Hadrianus Augustus），罗马帝国五贤帝之一，117—138 年在位。——译者注

④ 参见"动漫新闻网"的新闻（Animenewsnetwork, 11 mars 2011）。

（*Astérix*，1959）中小儿科的文字游戏没什么关系。这是否有助于将欧洲人与欧洲所遗失的过去联系起来，或者从日本的角度看待一个具有异国情调的西方？我们不得而知，无论如何，"此罗马非彼罗马"。除去漫画里的时间错乱不说，该作成为全球网络化的又一例。《罗马浴场》以东方的宏大叙事呈现了这样的情形：没有什么源自罗马，一切尽从日本出发。此外，这类漫画在全球的巨大成功在于暴力、色情等方面的大胆创作，并且内容适合各种年龄和地区的读者。[①]

　　漫画《罗马浴场》颠倒了时间线索，电影《孔子》将我们置于官方的过去。在这两种情况下，古代文化不再受限于文艺复兴以来的那种西方视域。但是不能急于下论断，当代亚洲或者古代中国并没有替代恺撒大帝的罗马。美剧《罗马》的成功，可媲美讲述欧洲文艺复兴时期历史的英剧《都铎王朝》，同样在世界各个范围里，在我们的眼前，在我们不觉察的情况下，揭示了各种各样的相互冲突的过去。记忆的扑克牌正在被四处重洗，并且更多的是出自艺术家和电影人之手，而非历史学者。如果历史学者们打算在新霸权主义所困扰的全球化背景下书写历史，这些作家和电影人无法被忽视。

未来是过去的一面镜

　　构建过去，为了产生意义，也是为了确定坐标，以更好地应对现在的不确定性。然而，为什么不构建未来？千百年来，对于大多数人类而言，未来不过是未完故事的预告篇章。马克思主义的乌托

---

① 参见《漫画：全球和文化视角选集》［Toni Johnson-Woods（ed.），*Manga. An Anthology of Global and Cultural Perspectives*，New York，The Continuum International Publishing Group Inc.，2010］。

邦在 20 世纪末就结束了，世界上的重要宗教也没有停止意义的赋予，但均未为人类社会带来答案。如果说基督教在欧洲正在衰落，伊斯兰教的处境却大不相同。为了将欧洲与拉丁美洲联系起来，来自前工业世界和殖民时代的两大天主教信仰（巴西亚马孙的纳扎雷圣母和北美的瓜达卢佩圣母）年复一年地表达着这样的愿望——宗教能够动员百万信徒将整个美洲联系起来。如果这种愿望可以与最肆无忌惮的现代性并存，那么巴洛克和修道士便可与后现代性相融，更不用说世界其他地方的伊斯兰教、印度教甚至佛教信徒的强大生命力，甚至有时会致命。

与这些坚定信念和未来愿望并行的是文化产业，位于持续吸引大多数人的原教旨主义边缘，不断传播着未来时代的形象。二十多年前，我发表了一部关于墨西哥历史形象作用的论著①，从 1492 年发现美洲写到 2019 年雷德利·斯科特（Ridley Scott）《银翼杀手》的上映。这不是心血来潮。我确信，墨西哥文化产业的崛起与过去和今天创造电视帝国与殖民社会的方式有很大关系，特别是欧洲形象所扮演的特殊角色。更重要的是，这个故事与其他领域所提出的问题重叠交叉，比如科幻领域，特别是雷德利·斯科特的电影及菲利普·迪克（Philip K. Dick, 1928 – 1982）的小说。围绕在我们周围的无数"未来"，只是"过去"和"现在"的伪装。詹姆斯·卡梅隆（James Cameron）的电影《阿凡达》（2009）表面上在讲述潘多拉星球当地人的命运和入侵者的厚颜无耻，实则是征服美洲的星际版本。

像《银翼杀手》或《太空堡垒》这种以人类与人形生物对战为主题的影视作品层出不穷，好莱坞并没有垄断对这样"未来"的想

---

① 参见《墨西哥史》（Serge Gruzinski, *Histoire de Mexico*, Paris, Fayard, 1996）。

象，日本和韩国对未来城市的描绘也非常出色：正如在《自然城市》（*Natural City*, 2003）或《攻壳机动队》（*Ghost in the Shell*, 2004）中所展现的那样，机器人与人类在生活中不分你我。而且，与"复制人"或外星怪物的对抗并不阻碍它们与人类之间的交配：例如在《异形4》（*Alien*, 1997）中，女主人公继承了一部分外星人的遗传特征和人类蕾普莉的记忆片段。被生物和文化上的混杂所引起的老生常谈和困扰持续不断，并改头换面出现在这些科幻故事中。

我们为什么要从全球史的角度来关注这些科学幻想？一个明显的原因，是这些科幻作品在描绘地球面对其他行星或其他文明时，都把地球作为一个统一的或单一的角色。现在的大多数科幻小说讲述的是人类在一些冲突中通过武力团结一致的情况，抗击对象往往来自气候、天空、地球甚至海洋的侵略（如《环太平洋》，2013）。类似的创作接连不断，深入人心，观众们可以从小范围家庭或集体中看到世界的多样性。20世纪末，《黑客帝国》（*Matrix*）三部曲没有将机器控制下的人类命运托付给由救世主（基努·里维斯扮演）领导的团体，可惜那个时候，这个救世主仍然不得不由白人出演。科幻电影与全球主流宗教传递的信息一致，均反复呈现出这样的观念：人类注定要成为一体。人们对全球化充满期待，仿佛当下所有道路都注定要在全球舞台上会合，似乎小说家和电影人极具戏剧性的想象力，只是在探索这一终极目标的实现途径。

第三章　透明的错觉

过去的生命是片片干裂的叶子，丢失了水分或叶绿素，破损不堪，背光而生，最多能供养单薄细脆的叶脉，需要一些努力才能还以叶肉和新鲜的绿色。

——玛格丽特·尤思娜尔（Marguerite Yourcenar）回忆录《虔诚的回忆》（*Souvenir pieux*，1987）

在这个星球上，铺天盖地的影像潮流虽然尚未导致书面文字被废除，却动摇了几千年来无法割裂的书写和历史。我们是否还需要用文字来构建过去？在不知如何修复记忆以传递给后代的情况下，没有书写的民族也被认为没有历史，而拥有书籍和历史学家的民族则被认为掌握了文明的钥匙。

长期以来被西方世界当作区分文明国家与野蛮民族标准的历史书写，如今受到了质疑。在受到大量影像证据的竞争和威胁的情况下，文本和书籍会失去几个世纪以来的垄断地位吗？我们当然可以怪罪于时尚、技术的发展、电子游戏和动画、电视剧的大量涌现，并且坚信从文本改编成影像的过程中总会丢失意义。反过来，从影像到文本的过程是否同样存在效果的弱化问题？镜头在拍摄风景、人群移动、海难或世界末日场景时的表现比不上文字吗？图像亦能够显示战场的激昂与废墟的荒凉。然而长期以来，人们对书写的迷信与狂热使图像成为文本的附属物，成为话语的插图或者书籍附录的一部分。写作和图像形成了两种截然不同的表达方式，拥有各自的词汇和语法、优势和不足，然而这些仍然难以说服很少观看电影的历史学家们。[①]

索科洛夫[②]眼中的历史

让我们抛开影像和文字孰优孰劣的辩论，考察一下电影创作是否能够将历史叙事从固有的模式里解脱出来。如若不牺牲文字所承担的重要职责，电影能否保留其作为见证人的力量，保持对观众的瞬间冲击力？为了维持单一叙事、线性节奏和不可改变的因果序列原则，电影是否提供了可行的替代方案？如今，只要我们花时间仔细研究一些制片人的作品，如贝拉·塔尔（Bela Tarr）、拉斯·冯·特里尔（Lars von Trier）和亚历山大·索科洛夫（Alexandre Sokourov），便可得到答案。应该承认，这些电影人的作品不仅仅是一帧帧美丽的图像，他们有能力像历史学家一样创造过去。

例如索科洛夫，他的最新作品《浮士德》（*Faust*）斩获了 2011

---

① 参见文章《我是镜头吗？关于电影与历史的其他思考》（David Herlihy, "Am I a Camera? Other Reflections on Film and History", *AHR Forum. The American Historical Review*, Vol. 93, n° 5, décembre 1988, pp. 1186 – 1192)、《作为历史学家的电影人》（Robert Brent Toplin, "The Filmaker as Historian", Ibid., pp. 1210 – 1227)、《编纂史学与影视史学》（Hayden White, "Historiography and Historiophoty", Ibid., pp. 1193 – 1199)、《图像中的历史与文字中的历史：关于真正把历史写入电影的可能性思考》（Robert A. Rosentstone, "History in Images/History in Words: Reflections on the Possibility of Really Putting History onto Film", Ibid., pp. 1171 – 1185)。

② 俄罗斯导演、编剧、制作人，毕业于高尔基大学历史学专业，2011 年，他自编自导的剧情电影《浮士德》获得第 68 届威尼斯国际电影节金狮奖最佳影片奖。2015 年，由其执导的剧情电影《德军占领的卢浮宫》在法国上映，该片入围第 72 届威尼斯国际电影节主竞赛单元。——译者注

年的威尼斯金狮奖①；再如苏珊·桑塔格（Susan Sontag, 1933 – 2004）② 的作品中处处可见对历史的反思，这位在"同辈电影人中最为雄心勃勃和最具原创性的导演"还为俄罗斯观众拍摄过科幻片和纪录片。

自 1975 年以来，索科洛夫拍摄了 40 多部纪录片，内容包括俄罗斯舰队的日常生活、农村的变迁、政客和作家的传记等。这些作品深刻触动了当时的历史，改革之前的苏联审查并阻止了这些纪录片的扩散，包括《精神之声》（*Spiritual Voices*, 1993）和《士兵之梦》（*Soldier's Dream*, 1995）两部描述阿富汗边境战士境况的影片。索科洛夫还研究了音乐家德米特里·肖斯塔科维奇（Dmitri Shostako-vitch, 1906 – 1975）（《中提琴奏鸣曲》, 1981）、画家休伯特·罗伯特（Hubert Robert, 1733 – 1808）（《休伯特·罗伯特，幸运的生命》, 1996）。尽管他声称对历史不感兴趣，却与索尔仁尼琴（Soljenitsyne, 1918 –2008）③ 对话（《与索尔仁尼琴对话》, 1998），与叶利钦（Boris Eltsine, 1931 – 2007）谈话（《语调的一例》, 1991）。他更多的历史观体现在长篇纪录片《俄罗斯方舟》（*L'Arche russe*，又译《创世纪》, 2001）中，这部作品讲述了从彼得大帝到尼古拉二世沙皇世界。从这些纪录片中可以看出，索科洛夫对当代俄罗斯、苏联时代和帝制历史给予了同样的关注。

这些作品的拍摄打破了纪录片的创作惯例：不断质疑文档的使用、图像的处理、时间的流动和拍摄角度等。像历史学家一样，索

---

① 有部论文集对俄国电影作品介绍非常出色，参见《索科洛夫的电影》［Birgit Beumers et Nancy Condee（ed.），*The Cinema of Alexander Sokurov*, Londres/New York, I. B. Tauris, 2011］。

② 美国著名的女权主义者，被认为是近代西方最引人注目且最有争议性的女作家及评论家。2000 年，她的历史小说《在美国》获得了美国国家图书奖。——译者注

③ 苏联—俄罗斯的杰出作家，苏联时期最著名的持不同政见者之一。诺贝尔文学奖获得者，俄罗斯科学院院士。——译者注

科洛夫意识到档案不会以纯粹的状态存在，总是被建构着，并且不会与所反映的事件相混淆。

时间处理是索科洛夫在作品中反复出现的另一特征。一方面，他的一些纪录片长度异常，比如《精神之声》超过 5 小时；另一方面，他使用特别的手法固定大量图像，以便尽可能与我们眼前不断出现的电影、电视、电子游戏和网络区分开来。他擅长用图像表现情节，拍摄的影片好似油画一般。例如，18 世纪法国艺术家休伯特·罗伯特的画作①几乎已经被人们遗忘，如今在索科洛夫的镜头下穿过侵入冬宫的迷雾，将观众吸引到画作本身，让观众浸没在周围的空间里。就这样，索科洛夫的镜头颠覆了这幅废墟画作的效果。通常，"过去"往往被叙述者及其言辞所吞没，不加改动地被简化为文字，于是"过去"的碎片变成简单的文献素材；而在索科洛夫的镜头下则恰恰相反，作为时间永不逝去的象征，废墟成为一个不可恢复和令人难以参悟的遗迹。没有什么能够恢复"逝去"的实质，任何重建都不过是替代品或者惺惺作态。

在一部纪录片里，旁白的价值是什么？旁白者往往为了显示科学性或权威性而使用客观的口吻，然而这恰恰是索科洛夫试图规避的陷阱。在关于穿越白海和驻扎塔吉克斯坦的俄国军队的纪录片《忏悔》（*Confession*，1998）和《精神之声》中，索科洛夫替两则私人日记发声，一则来自一名战士，另一则来自舰队的指挥官——这些日记无一真实存在，不过是导演杜撰而来。因此，他所拍摄的纪录片，实际上视角是极为主观的，并且这种主观性借助自始至终的音效创造了一种同情力，将观众引向影片的高潮。

为了更好地打破旁白的僵化，索科洛夫通过系统地混合音区来

---

① 此处指的应是其作《废墟中的画廊》。——译者注

制作音轨：嘈杂声、音乐片段、消失在远处的窸窣细语，为影片提供了一种特殊的深度。《精神之声》的开头就是一例：在大约 30 分钟的时间里，观众始终面对着皑皑白雪，色调随着云朵飘动的节奏不知不觉地变化。画外响起莫扎特的钢琴协奏曲，让观众们想起了这位音乐家的谜之死亡。画面在空气中冷却成大自然无限的凋敝，令人焦虑和矛盾的是，这部影片本该描述俄罗斯士兵在塔吉克斯坦和阿富汗边境的日常生活，然而，日常生活被士兵的梦境所入侵，他们梦见的是远离家乡的漫山白雪。影像可以传递精神状态，因为太过混乱的精神往往无法用言语描述。不仅事件虚空、时节凋敝、活动缺失，连散发出的忧郁也被摄入镜头之中，这一切在这个具体的时刻成为纪录片的拍摄目标，同时成为历史的见证。通常来说，被历史学家所忽略的那些东西正是导演创作的核心。

索科洛夫试图通过重新创造想象的和内心的声音，与观众分享主观的、内心的感知。这一尝试非常重要，因为并非完全通过文字途径。在这位导演看来，只有对观众提出可行的相关体验并建立起个人尤其是生理上的联系时，文献的价值才能显现出来。这不是实现高度真实性的问题，而是探索如何生产一段过去和走进这段过去的途径。

历史是艘方舟

在索科洛夫看来，科幻和纪录片的创作不可分割，是他所运用的各种拍摄技巧与历史联系的基础。索科洛夫最著名的作品《俄罗斯方舟》实现了电影技巧上的壮举：全部历史场景都取自圣彼得堡冬宫内部，在不断的移动中进行唯一视角的拍摄。影片在 90 分钟之内没有任何中断，将观众带入了跨越俄罗斯三百年的历史，如同置身于《凡尔赛宫秘史》的光辉年代。[①]

这部电影创造了一种错觉，因为没有明显的切换或中断镜头，观众们好像可以不断捕捉过去。《俄罗斯方舟》结合了时空移动、压缩的方式避免时空完全对应：走廊和门户错综复杂，如同迷宫一般，错置的时代避免了过于线性的场景。[②] 画面上不断出现彼得大帝（Pierre le Grand，1682 – 1725）、叶卡捷琳娜二世（Catherine Ⅱ，1729 – 1796）、尼古拉一世（Nicolas Ⅰ er，1796 – 1855）、尼古拉二世（Nicolas Ⅱ，1868 – 1918）、他的妻子亚历桑德拉皇后（Alexandra，1872 – 1918）和她的孩子们，其间又突然出现了博物馆馆长米克哈尔·皮厄特罗维斯基（Mikhaïl Piotrovsky）和乐团团长格尔吉耶夫（Valeri Guerguiev）等现代人物。

这些人物和时间的安排用意何在？索科洛夫的技巧从来不会无缘无故。影片围绕着一个历久弥新的话题展开：俄罗斯人的身份实质和意义。[③] 我们可以质疑作者的立场和将俄罗斯置于东西方之间的观点，可以谴责他的选择有利于某些历史的呈现，也可以指责他的沉默或老生常谈。但是，历史学家的写作不也是这样吗？

一部新的历史电影

乍一看，《俄罗斯方舟》类似于历史纪录片，伴随着时代的重构

---

① 参见文章《参观博物馆：索科洛夫的〈俄罗斯方舟〉与画面定格》（Tim Harte, "A Visit to the Museum: Aleksandr Sokurov's Russian Ark and the Framing of the Eternal", *Slavic Review*, 64, n° 1, printemps 2005, pp. 47 – 58）。

② 参见文章《方舟航行在……》［Birgit Beumers, "And the Ark sails on...", Beumers et Condee（2011），p. 178］。

③ 参见文章《"之后"的之后：亚历山大·索科洛夫的档案之恶》（Dragan Kujundzic, «Après "L'après": le mal d'archive d'Alexandre Sokourov», *Labyrinthe*, t. 19 – 3, 2004, pp. 59 – 87）。

和专家的评论穿梭于各个宫殿之间。这种停留在事物表面的看法在很大程度上解释了该片的成功。既然此类创作没有统一标准，索科洛夫便运用了大量的技术手段和资源，通过转变所有传统的元素重新定义了这种创作类型——他自如地使用冬宫的空间，将罗曼诺夫王朝最后的管弦乐队指挥交给马林斯基大剧院的明星。影片始终有一位特殊的见证人穿梭于各处，他既是观众的向导也是冬宫的访客。这个人就是古斯丁（Custine, 1790 – 1857）侯爵，这个人把他对圣彼得堡的批判写进了《1839 年的俄国》（*La Russie en 1839*, 1843）。[①] 然而，很多房间在侯爵旅俄时期并不存在，例如镜头把他带到了几年后巴伐利亚建筑师莱奥·冯·克伦泽（Leo von Klenze, 1784 – 1864）所改造过的空间里（即 1851 年）。[②] 于是，古斯丁得以对他自己无法看到的绘画做出评论——彼时，俄国的艺术收藏品失窃了。如果当时这些画作还在的话，他一定会流连忘返。与"过去"的传统定义和历史重构的传统基础相比，20—21 世纪的人物突然闯入古代宫廷之中也体现了时间的错置。

这种随意性是否意味着索科洛夫在拿历史开玩笑？曾有人写道，他不是试图创造过去或者重建过去，而是试图抹去或回避过去。因此，《俄罗斯方舟》避免将拍摄时代接近苏联时期——第二次世界大战或者列宁格勒（Leningrad）的围困，这些时期和事件被他适当地回避了。索科洛夫的方法非常巧妙，他从过去既不可复制也不可呈现的观念出发——在致敬于休伯特·罗伯特的纪录片《精神之声》中已经浮现了这种方法。索科洛夫不打算超越当时人们观察的视野，

---

① 参见《1839 年的俄国》（Marquis Adolphe de Custine, *La Russie en 1839*, Paris, 1843, Vol. 4），该书被誉为东方的《旧制度与大革命》，可惜托克维尔在西欧大获成功的《论美国的民主》在俄国被禁。

② 参见《方舟航行在……》（Beumers et Condee, 2011, p. 179）。

例如冬宫里的那些油画以及由演员们呈现和重建的场景，他更喜欢呈现出整体和全部。场景、建筑和绘画无法取代已经永远消失的东西，不复存在的事物也不可能再现。那么荧幕上显示的是什么？电影又创造了怎样的过去？

影片呈现出一个不断出现的外观和轮廓——沙皇宫廷。这个想法即便不是来自古斯丁侯爵——那位引领镜头的参观者，也一定是来自他的著作中：古斯丁在《1839 年的俄国》中揭示出了压榨悲惨人民的警察国家在光鲜表面与肮脏现实之间的鸿沟。古斯丁眼中所有的发现不过是戏剧，是副本，是对欧洲拙劣的效仿。俄国人难道不正是一个奴颜婢膝的西欧模仿者吗？[1] 圣彼得堡宫在影片《俄罗斯方舟》中充满了戏剧性，这种不自然的特征通过整部电影的安排十分巧妙地表现出来。无论这种戏剧化与古斯丁讽刺和批判的目的是否相符，这部影片都时刻提醒着观众：荧幕上的一切不管有多么辉煌，都不可能替代过去。索科洛夫的镜头没有抹掉过去，而是让过去自发地消失了，因为过去再也回不来了。

影片中的参观和探索让观众看到了本质的东西——我们无法触及无可挽回和已经消失的东西。电影不是要重塑沙皇的过去，也无法重现列宁格勒的围困（1941）：偶然在杂物中发现的一些空画框，令人联想起在围困之前对艺术品的抢救，这些画框与艺术品一样，标记了历史事件。一切都是朴素简练的，以一种玛格丽特·杜拉斯（Marguerite Duras, 1914 – 1996）的叙事方式呈现。"过去"总是在别处。

影片的最后一个画面向观众展现了一条通向涅瓦河（Neva）的浑浊水域。没有背景，没有角色，没有情节，没有对话。镜头只是

---

[1]　参见《方舟航行在……》（Beumers et Condee, 2011, p. 180）一书中对古斯丁的引用。

使用最简单的技术，捕捉了一瞬间。无论镜头移动的技术多么华丽，影片中所有重建的图像都不过是种种幻象。

《俄罗斯方舟》来自一位历史电影制作人的反思。他毫不掩饰自己的主观性和技巧，说明了对过去的回忆都只是一种建构，这种建构不可避免地取代了"过去"并且就这样使"过去"消失了。矛盾的是，高清摄像机的技术实力无法让我们更加接近真实。原因很简单：那种"真实性"仍遥不可及。这并不意味着电影制片人和他的镜头会因沉默而被指责，事实上，他们不断提醒着观众与不复存在的事物之间的距离。

正是电影的对话保持了这样的距离。如何将人们习以为常的想法转化为问题意识？当导演把观众置身于连续不断的建筑物背景中，如同豪华阵容的游戏一般，便等同于置于古斯丁和旁白者的双重主观视角中。评论分为法国侯爵和俄国旁白者两部分交替道出。观众们很容易辨认出俄国旁白者就是索科洛夫，随即便理解了导演的用心——这位尊贵的法国访客显示出西方中心主义的傲慢，即使俄国旁白者避免正面反驳他，观众们也不能轻信法国人说的话。然而，由于古斯丁的话语一再受到质疑，旁白者引导观众后退一步，重新思考他所给出的解释。所以，索科洛夫的镜头以画框的方式不断挑选和裁剪着他想要展现的东西，并且，导演的观点不仅通过镜头来表达，还体现在旁白者的声音、反应和语调中。这样便将明显的主观性与历史纪录片的中立性，或者所谓的客观性对立起来——这种客观性往往通过非个性化的声音贯穿于大部分纪录片的制作。

上文所指出的这种"独特视角"提供了一种打破惯例的方法。在《俄罗斯方舟》中，镜头所到之处，一切皆为幻象。时间在我们面前的持续流逝来自一种技术手法，将几个世纪的时间压缩至影片的长度。这种时间的压缩回应了电影手段的要求，就像中学教学内容的压缩符合了教学大纲的要求。这两种情况都只是一种建构。影片凭借电影的壮观画面和巧妙的拍摄技术提醒我们，人们一直试图将历史维持在线性的时间秩序里，比起所追寻的品质本身来说，线性时间具有更多的循规蹈矩。索科洛夫的艺术或许让观众们意识到了这一点。可惜的是，导演对成功的执着凸显了这一结果的人为特性，因此影片始终呈现了一个正在进行的现在。

极致地压缩历史并不是索科洛夫唯一的手法，他还尝试延长电影的持续时间：《精神之声》的片长超过 5 个小时。[①] 放慢与静止的画面让观众感受到一种历史重构的做作，分不清这是电影还是照片，流逝的时间突然中断，观众突然从昏沉或入迷状态中醒过来。[②] 换句话说，该片所产生的效果与电视剧《罗马》完全相反，后者不断使用壮观的剧情和性、暴力的画面刺激着观众。索科洛夫还擅长通过音轨的独立使多条时间线共存：画面的时间、评论的时间、背景音乐的时间等，相互叠加，连绵不断。这些手法近似于另一位当代电影人贝拉·塔尔，他在影片《都灵的马》（*Le Cheval de Turin*，2011）中日复一日地重复着匈牙利穷苦农民的日常场景。这位导演所拍摄的时间，比任何评论分析更能将我们带入一个时代的氛围和一种生活方式中。

表面上看来，这些美学和技术上的手法与传统历史方法无关。然而，这些手法同样在构建过去。《俄罗斯方舟》是一个很好的例子，不但像一项真正的历史学家的工作，还提出一个重要问题：西欧与近代俄国（1689—1913）之间的关系如何？这个国家究竟是自己形成的，还是欧洲列强的克隆？这个问题甚至自从电影创作本身

---

① 参见《方舟航行在……》（Beumers et Condee，2011，p. 21）。
② 同上（Ibid.，p. 193）。

就已经存在了：德国摄影师提尔曼·巴特纳（Tilman Büttner）在西方设备的辅助下实现了单一长镜头的成功，但是他强势的干预受到索科洛夫的激烈控诉，在电影上映后引发了强烈的争论，转而成为两人之间的冲突。①

"权力四部曲"

在其他电影作品中，索科洛夫提出了另一个超出俄国范围的问题：如何在 20 世纪讨论变相的极权主义问题？政论家汉娜·阿伦特（Hannah Arendt）选择了从哲学和政治方面来论述这个问题②，而导演索科洛夫则选择了 20 世纪的三个重要人物——列宁（Lénine, 1870 - 1924）、希特勒（Adolf Hitler, 1889 - 1945）和日本天皇裕仁（Hirohi-to, 1901 - 1989）。《摩洛神》（Moloch, 1999）里的希特勒、《金牛座》（Taurus, 2001）里的列宁、《太阳》（Le Soleil, 2005）里的裕仁，这些人物作为极权主义的化身萦绕着 20 世纪上半叶的政坛。

为了完成这个系列，索科洛夫在其"权力四部曲"的最后一部《浮士德》（2011）中，重新诠释了这个由歌德改编的日耳曼民间传说故事。观众需要从整体上审视这四部曲，寻找贯穿于歌德作品、俄罗斯列宁、德国希特勒和日本裕仁之间的线索。在阐明原因和作出解释方面，浮士德的传说不是一把钥匙，既无助于以心理学或世界末日的理论来解释三位专制者的命运，也不会作为参照，成为列宁、希特勒或裕仁命运的预兆。索科洛夫再次改编这个故事不过是用来提出问题。正如在《俄罗斯方舟》中使用的手法，积极调动起

---

① 参见《方舟航行在……》（Beumers et Condee, 2011, pp. 188 - 189）。
② 美籍犹太裔政治理论家，以其关于极权主义的研究著称西方思想界，著有《极权主义的起源》《平凡的邪恶》《人的境况》等。——译者注

观众们的眼睛和心灵，而不是将其束缚在历史的确定性和阐释之网中。这是文化消费实践的逆转，削弱了还原主义①和观看的被动性，但也有不讨好观众的风险。

因此，我们难以定位《摩洛神》《金牛座》《太阳》这三部影片，它们不是历史纪录片，更不是纯粹的小说。三部影片集聚在"四部曲"中——人们自然会联想到瓦格纳的《尼伯龙根之戒》②——整体为每个部分都带来了意想不到的影响。索科洛夫的视域跳出了俄国的框架，探索欧亚两个大陆专制权力的行使，聚焦裕仁天皇与麦克阿瑟将军的关系。"四部曲"的历史场景不受文化界限或政治边界的困扰，从这个意义上来说，该系列影片就像是一种全球史的尝试。

因为拍摄对象在被严格定义的生活空间中活动，这项尝试似乎变得更为有效。镜头的移动再现了封闭的世界，三个人物似乎在其中陷入了困境。在这些平庸又特别的空间里，观众感受到一种空虚和迷惘。更确切地说，这些状况所隐藏的缺失、空虚、无力和衰颓，与人物的所作所为形成鲜明对比。为了加强这种束缚的感觉，导演不断变化视角，变换对人物的取镜，希特勒、列宁和裕仁成为多个镜头竞相拍摄的对象。观众应该进入哪一个角色？谁在观察希特勒？是索科洛夫？还是我们自己？只要不是戈贝尔（Goebbels）③或爱娃·布劳恩（Eva Braun）④。

---

① 还原主义是相对整体主义来说的，是研究复杂系统的两种相对的基本思想：还原主义将高层次还原为低层次、将整体还原为各部分加以研究，而整体主义则强调研究高层次本身和整体的重要性。——译者注
② 瓦格纳的歌剧代表作，由四部歌剧《莱茵的黄金》《女武神》《齐格弗雷德》《诸神的黄昏》组成。——译者注
③ 纳粹德国时期的国民教育与宣传部部长。——译者注
④ 希特勒的长期伴侣。——译者注

拍摄角度的增加，好像是导演在逃避自己的目光。因为他和历史学家遇到了相同的难题：把话语权让给历史见证者的想法是徒劳的，他们仅仅被用来表达观点。索科洛夫意识到了这个障碍："只有一种迂回的方式才能达到导演们的心愿，这也是我的心愿，我的视角。"[①] 于是，他通过视角的增加，试图消除人们对历史具有透明性的错觉。在他的影片中，我们发现自己面临着生活体验的复杂性或矛盾性，而这些特征往往被线性叙事和那些不容置疑的解释掩盖了。

细节的制造

如同《俄罗斯方舟》，索科洛夫在拍摄其他三部影片时也打乱了时间顺序：在一天之内呈现了列宁晚年的不同时刻——1923 年 5 月列宁退休回到戈尔基，那时的列宁比影片呈现得还要衰弱。在《摩洛神》和《太阳》里，导演亦将各种时间发生的故事压缩在一天之内。

我们可以将这种编剧视为对历史的不忠。然而，这种改编迫使人们对历史事件的常规理解提出了疑问：我们的理解是否完全依赖于对事实过程的确切认识？"对事实的确切认识"又是什么意思？我们能够确切认识吗？或者这只是一个圈套？这种了解是否足以使我们理解这些历史领袖的行为方式？我们依据什么标准来重建过去的真实性？难道依据那些由西方和历史建构起来的规则？如果历史时间不只是一个因果关系的线性排序，不只是在特定环境中一系列有序事件的固定呢？

---

① 参见《索科洛夫的电影：矛盾的影像》（Jeremi Szaniawski, *The Cinema of Alexander Sokurov. Figures of Paradox*, New York, Columbia University Press, 2014, p. 296）。

　　索科洛夫再次提出了这个疑问：对于我们当代大多数人来说，历史是什么？人们很难承认过去一直是一种建构，而且这个建构的大部分拼图碎片已经永远地丢失了，于是必须注入大剂量的未被承认的、不太合理的甚至是假想的顺序。索科洛夫的不拘一格挑战了以往所有的确定性，他让观众们看到的场面、获得的体验以及提出的问题，都证明了他对传统认知的突破。①

　　为了达到这一目的，导演将日常的、微不足道的事物作为政治和历史的反思来源，并将拍摄时间与真实时间的相互对照。在《金牛座》中，斯大林和列宁日常地交流着；在《太阳》里，裕仁天皇的科学爱好细节以及阿富汗边境的军事生活惯例，这些在电影里似乎微不足道的成分，却在观众面前一点一点地增加了历史的厚度。矛盾的是，大量被创造的细节酿造出了真实的表象，更确切地说，制造出来的"过去"好像突然与观众比邻而处。这些细节便在历史上具有了意义。

　　然而，大量细节没有被记载入案，不为历史学家和读者们所知，因为这些信息来自被认为是平庸和常规的琐事。但也正是这些细节，让我们可以触摸到一个时代、一个场景、一个历史瞬间的独特之处。西班牙人和墨西哥印第安人之间，或者中国人和葡萄牙人之间的早期接触仅留下了政治和外交的痕迹，历史学家很难得到日复一日具体的生活体验。这就是为什么我们对阿兹特克贵族、中国官员及其欧洲访客汇聚在一起的场景非常感兴趣。尽管掌握的数据微乎其微，却居然显示出其他资料未见的信息：共谋、交易、一同消遣。索科洛夫有着职业历史学家所没有的大胆，他制造细节、想象场景和时

---

　　① 参见文章《生命中的一天：索科洛夫"权力四部曲"中的历史表象》［Denise J. Youngblood, "A Day in Life: Historical Representations in Sokurov's Power Tetralogy", Beumers et Condee（2011），pp. 132 – 135］。

刻，并使之成为电影主题和核心的象征性元素。历史学家难以用笔书写的东西，被这个叫作索科洛夫的电影制片人用声像制作了出来。

这一来自学术研讨会之外的对古典历史的解构——拍摄人物传记——表明了一种通过影像处理表达的对时间的反思。索科洛夫的观众得到了感受"持续"的方法：图像的静止或缓进、固化背景，叙事的极简主义和一些特效，这些手法触发了一种暂停状态，而事物的静止有利于观众的反思。我们甚至可以用"浸没式沉思"来描述这种效果对观众的影响结果。这种策略并非没有风险，因为导演不惜任何代价去调动观众的感官。① 另外，这种策略成功的前提是观众一直保持着清醒状态，耐心地持续观看导演所展示的内容，并且警惕着导演的影像何时越过我们每个人必须标划的黄线。尽管如此，以这种方式实践的电影已经能够证明，影像可以成为与文字同样考究的工具用来制造过去。俄罗斯电影人所开拓的这一路径，值得我们在电影爱好者世界以外继续深入讨论。

---

① 参见《"之后"的之后：亚历山大·索科洛夫的档案之恶》（Dragan Kujundzic，«Après "L'après"：le mal d'archive d'Alexandre Sokourov»，*Labyrinthe*，t. 19 - 3，2004，pp. 59 - 87）。

第四章　巫师的学徒*

浮士德：蠢材！你敢！你敢不听我的？住手！未免太过大胆！

靡菲斯特：是你自己在表演呀，幽灵的把戏？

——歌德《浮士德》第二部①

　　索科洛夫影片中的浮士德并非歌德笔下的浮士德，亦与 2011 年纽约大都会歌剧院上演的《浮士德》不同。这位俄罗斯导演在电影领域里自由阐发歌德的杰作，同时影射着种种历史，这种创作思路同样可以呈现在舞台上。在纽约的歌剧院里，20 世纪 40 年代的老科学家浮士德在原子弹实验室里遇见了靡菲斯特，时间回到 1914 年第一次世界大战前夜浮士德年轻时候，又转到玛格丽特在疯人院受挫的场景。②故事情节被搬到了 20 世纪，与中世纪传说里的浮士德毫无关系，也与 18 世纪的歌德（Goethe，1749 – 1832）、19 世纪的古诺（Charles Gounod，1818 – 1893）③无关。舞台所运用的各种手段，

---

　　*　比喻制造事端而又无力控制者，此处指历史学者眼中的艺术家们。——译者注

　　①　郭沫若译本，1978 年。——译者注

　　②　指戴斯·迈克安纳夫（Des McAnuff）在纽约大都会剧院最初导演的歌剧之一《浮士德》。

　　③　指 19 世纪法国作曲家古诺的三幕歌剧《浮士德》。——译者注

包括设计师罗伯特·布里尔（Robert Brill）的宏大布景、演唱者的肢体表现和音乐的奇效，使观众沉浸在一段并非他们所预期的故事中长达数小时而并不感到厌倦。这种抒情表现力同时存在于电影和小说中，并且在与舞台的直接接触中不断凸显出来。

歌剧非史书

对作品系统性的重读和将背景置于其他时代和国度的改编习惯，表明歌剧已经成为一种试验方式，从中显现出一些剪裁历史的标准，而这种标准对传统历史不屑一顾。一段没有被明确推定年份的过去会变成一种不真实的现在，甚至变成某个绝对无法确定的时代，来迁就各种解释。

得益于现场直播或录制的节目、有线电视以及 DVD 的销售，成千上万的新观众可以借助电视剧、电子游戏或电影，自由沉浸在各种时空当中。这样，歌剧观众不再局限于那些穿梭于世界各大剧院的有钱发烧友。而且对于观众来说，在荧屏上和在抒情舞台上看到的场景一样，因为歌剧导演往往也是当代创作大师，他们的视角和阐释不会没有意义。在一名历史学者眼中，这些艺术家就像巫师的学徒一样，善于将个人意愿强加于作品以及孕育作品的社会。

歌剧导演在寻找什么？原则上来说，是在寻找能够使另一个时代的剧本和音乐能够为观众所接受的办法。于是，导演不断在作品文本和当前世界之间进行对比，在过去的时间里架起了世界和观众期望之间的桥梁。在这方面，导演的作品与历史学家的成果十分相似，后者同样重视与读者建立关系的必要性。"因此，戏剧改编意味着需要整理所有必要的素材，以尽可能忠实地诠释原作的思想，同时融入原作创作年代的历史元素，甚至融入原作设定年代和当代的历史元素。"①

在某些情况下，导演的任务似乎与考古学家相似：比如本杰明·拉扎尔（Benjamin Lazar）要求他的喜剧演员讲16世纪的法语以还原时代感。他改编的作品备受瞩目，如《贵人迷》（*Bourgeois gentilhomme*，凡尔赛上演，2005）、《月亮帝国》（*Les États et empires de la Lune*，雅典娜剧院上演，2008）②。就好像几年前一些对夏尔庞蒂埃（Marc-Antoine Charpentier）和吕利（Jean-Baptiste Lully）③经典剧目的改编，这些作品让我们仿佛回到了17世纪的戏剧舞台前。1987年，凭借指挥家威廉·克里斯蒂（William Christie）的才华和"蓬勃艺术"乐团（Arts florissants），让-玛丽·威雷吉尔（Jean-Marie Villégier）导演的《阿迪斯》（*Atys*）比很多学术著作让人们更深入地了解了路易十四时代的知识，这位导演致力于展现一个时代、一个朝代的精神。

一旦改编者决定彻底摧毁原始背景，便远离了历史学家的方法——情节和原作创作的时间一律被抹去。只要创造想象力所及和经费允许，导演可以放弃任何字面解释以实现无限制的次序调换。这样做的结果是，有些人为此感到高兴，因为长期以来被视为保守的歌剧舞台不再胆小畏缩；而另一些人则为导演的过度演绎感到遗憾。无论好坏，这样的舞台越来越凌驾于音乐和演员之上，就像一些著名建筑师会取笑他们被委托设计建造之物的意义或内容。

我们并不是要对古今事物开展新的争论④，但平庸的表演并不像

---

① 参见《充满激情的戏剧》（Gérard Mortier, *Dramaturgie d'une passion*, Paris, Christian Bourgois, 2009, p. 74）。

② 分别改编自17世纪法国作家莫里哀的《贵人迷》和贝杰拉克（Savinien Cyrano de Bergerac）的《其他世界》（包括两卷《太阳帝国》和《月亮帝国》）。——译者注

③ 指18世纪法国音乐家马克-安东尼·夏尔庞蒂埃和让-巴普蒂斯特·吕利，17世纪意大利出生的法国宫廷作曲家，开创了法国歌剧，创作了下文的剧目《阿迪斯》（*Atys*）。——译者注

④ 参见《谈如今的歌剧与戏剧演出》（Georges Liébert, «De la mise en scène d'opéra et de théâtre aujourd'hui», *Le Débat*, n° 113, 2001 – 1, pp. 52 – 76）。

成功的剧本一样效果持久。无论成功或失败，舞台就像是实验室，或者更确切地说是建筑工地现场，在这里重建出各种过去、现在和未来。虽然歌剧院不是历史书，却是塑造我们与时间关系的现代途径之一。

歌剧是否影响了我们对历史的看法？在体裁与学科边界的消失对歌剧创作造成影响之前，歌剧就已经媲美于戏剧来重现过去的时代。在苏联时代，观众越是喜爱歌剧，越是将歌剧与十月革命之前消失和被驱逐的社会联系起来，与生活方式、言谈举止联系起来，这极大超越了《叶甫盖尼·奥涅金》（*Eugène Onéguine*）或《黑桃皇后》（*La Dame de pique*）① 所带来的简单乐趣。拉琳娜一家的舞会将他们重新带回一种共产主义政权想要铲除的 19 世纪文明。自 2006 年以来，大都会歌剧院一直在努力地更新——欧洲的景致似乎已经过时了，新的舞台剧打破了固有的视野。部分纽约观众对此持敌视态度，因为新的舞台剧毁掉了传统形象，更不用说反复改编那些 19 世纪的老套剧目，如苏格兰沃尔特·斯各特（Walter Scott, 1771 - 1832）的小说《清教徒》（*I puritani*）、讲述西班牙腓力二世的《唐·卡洛斯》（*Don Carlos*）或者法国大仲马的《茶花女》（*La Traviata*）。但不容忽视的是，西欧的歌剧爱好者已经超越了这个阶段，他们所接触到的极具创造力的改编作品构成了当代创作最壮观的风景之一。

布鲁塞尔的行吟诗人

这种改编的构成是什么？导演不是历史学家或者考古学家，人

---

① 均是 19 世纪俄国作曲家柴可夫斯基所谱曲的改编自普希金小说的歌剧。——译者注

们不指望他重建一个逝去的世界，尽管如此，改编本身却也生产了过去。导演必须创作出精良的歌剧脚本和曲谱，以配得上那些最经得起时间考验的宝贵遗产般的成果，因此，我们尤为注意导演对过去的文字和声音的演绎方式。2012 年 6 月，马克·明科斯基（Marc Minkowski）在布鲁塞尔王家铸币局剧院指挥了《行吟诗人》（*Le Trouvère*），来自俄罗斯的导演德米特里·切尔尼科夫（Dmitri Tcherniakov）摆脱了深受浪漫观众喜爱的中世纪服装和布景，并改编了剧本：在原作中，醉心于复仇的母亲出于愤怒，欲将敌人的婴儿扔进篝火，却误把自己刚出生的孩子丢进火中。这个剧本由萨尔瓦多·卡马拉诺（Salvatore Cammarano，1801 – 1852）[①] 创作于 19 世纪，其灵感来自西班牙安东尼奥·加西亚·古铁雷斯（Antonio García Gutiérrez，1813 – 1884）的情景剧，剧中聚集了吉卜赛人和行吟诗人。这个离奇的故事随即吸引了威尔第（Giuseppe Verdi，1813 – 1901）[②]，他甚至借助西班牙语字典来阅读古铁雷斯最初的剧本。

切尔尼科夫放弃了城堡和战场的背景，将剧情安排在一个资产阶级的大客厅里，把华丽的合唱团藏在幕后。古铁雷斯的风格消失不见，这位推崇弗洛伊德（Sigmund Freud，1856 – 1939）的导演将剧中角色变成了集体治疗的患者，于是剧情拥有了从未有过的紧凑和新的吸引力，整个舞台充满活力，惊喜不断。故事发生在 15 世纪浪漫主义时代的西班牙，结束于接近弗洛伊德生活的美好时代。剧中的角色扮演旨在"阐明共同的过去"，这种角色扮演贯穿始终，将艰深的剧情转化为幻象。

歌剧的乐队指挥、合唱团和导演的改编是否能够抓住这部作品

[①]　意大利最重要的剧作家，创作了《行吟诗人》。——译者注
[②]　意大利作曲家，是 19 世纪最有影响力的歌剧创作者之一。——译者注

的精髓，以历史学家无法使用的手段将一种难以企及的效果展现给观众？还是说，我们其实应该把这种改编视为与原作毫无关联的全新创作？

《尼伯龙根之戒》变形记

20世纪下半叶，除若干特例之外，歌剧创作几乎停滞不前，于是导演们便抓住那些重要的经典作品进行"适应新需求"的改编。只要改编得当，观众们便能在过去或未来的版本之间对照，加上歌者的演技和管弦乐的力量又赋予了演出强大的即时性，具有很强的可看性。因此，经典剧目不断被翻新和改头换面，重新登上舞台。

理查德·瓦格纳（Richard Wagner, 1813 – 1883）① 的《尼伯龙根之戒》（*Les avatars du Ring*）也没能逃脱被改编的命运。20世纪初（1919年），大指挥家威尔海姆·富特文格勒（Wilhelm Furtwängler, 1886 – 1954）就曾为该剧的弱点担忧："观众距离这个神秘世界和其中的奇幻物体太过遥远，该剧也无法取代其他作品带给我们的抒情氛围……因为导演和演出不当，《尼伯龙根之戒》遭到观众的曲解和误读。"② 20世纪50年代，瓦格纳的长孙维兰德·瓦格纳（Wieland Wagner, 1917 – 1966）削弱了日耳曼的壮阔背景，以自己的风格重新诠释了祖父笔下神话时代的巨人斗争。之后，极简主义被抛弃了，

---

① 德国剧作家、作曲家，主张戏剧与音乐须组成有机整体，交响乐式的发展是其戏剧表现的主要手段，取材北欧神话和冰岛家族传说，历时26年完成了由四部歌剧组成的《尼伯龙根之戒》。——译者注

② 参见《音乐与言语》（Wilhelm Furtwängler, *Musique et verbe*, Paris, Pluriel, 1987, pp. 208 et 211）。

这个传奇故事被铭刻在了 19 世纪资本家和保守派的史诗中。1976 年，帕特里斯·夏侯（Patrice Chéreau）① 在纪念《尼伯龙根之戒》100 周年时所导演的歌剧居然融入了欧洲的工业革命。通过在意识形态上对原作的重新阐释，观众实际上看到的是呈现出恶魔形象的 19 世纪：" '尼伯龙根之戒' 成了工业革命和资本主义暴行的隐喻"②。在 21 世纪的瓦伦西亚（西班牙），弗拉德尔斯鲍表演团（Fura dels Baus）再次改编此剧，将情节置于永恒的星际中。这种改编与 1986 年詹姆斯·莱文（James Levine）和奥托·申克（Otto Schenk）在大都会歌剧院为重振"老字号"所上演的版本不同，更与夏侯的工业革命版本大相径庭。

从瓦格纳开始，改编古老的日耳曼神话影响了我们对 19 世纪的想象方式。由于导演的不同选择和倾向性，改编还影响了我们对历史的意识和敏感性。时代的重叠，世纪的更迭，对历史时刻程式化的再创造——例如《玫瑰骑士》（Chevalier à la rose，1995）中的维也纳河（赫伯特·韦尼克执导），或者宇宙中所有事物的创造——这个宇宙不再属于过去而是将来，这一切颠覆了我们对时间的线性概念。空间以同样的方式展开和显现：2007 年在瓦伦西亚，得益于瓦格纳音乐和弗拉德尔斯鲍表演团杂技的推动，歌剧《尼伯龙根之戒》中的神话人物风靡世界。然而 30 年前在德国拜罗伊特（Bayreuth）的"瓦格纳音乐节"上，该剧还被资产阶级家族的枷锁牢牢禁锢着。

一部作品能够反映时代的真相吗？每个时代都负有揭示这个真相的使命吗？这些歌剧的演出启发了历史学家：过去的事物在当代

---

① 法国当代舞台导演、电影导演、编剧，其作品结合了造型艺术研究、政治反思和对人文困惑的探索。——译者注

② 参见文章《夏侯国王》（Éric Dahan et al.，«Le roi Chéreau»，Libération，7 octobre 2013，http：//www.libération.fr/theatre/2013/10/07/le-roi-chereau_ 937783&title）。

有什么样的意义？这种意义是否已经预先存在，或者只是人们好奇和关注的映射，甚至只是剧作家的个人意图？

艺术作品里的时间移动

问题可能更加复杂。"当高质量的戏剧演出大获成功之后，即使是改编自几个世纪以前的作品，人们也不会觉得过时。"[①] 像任何艺术作品一样，歌剧具有超越其原始语境的时间性，人们可以不断参观博物馆或者观看戏剧演出，恰恰说明了这一特性。2013 年在德国卡塞尔的纪录片影展中，卡德尔·阿提娜展示了一些照片：一群 14 岁至 18 岁的毛头小子聚集在当代非洲艺术家绘制的雕塑旁。阿提娜表示："在物理层面上，我们与艺术品的关系基于某个空间/时间的方程，这个方程却永远不会稳定，可以随时根据意外参数而变化。"[②] 为了讲述《现代主义的食人族历险记》（*Les Aventures des cannibales modernistes*，1999）的故事，墨西哥画家恩里克·查戈亚（Enrique Chagoya）在展览上制作了折叠式背景，上面布满了讽刺性的幽默、西班牙语的史前抄本、文艺复兴时期的石刻以及美国滑稽剧的剧照：我们可以看到阿兹特克人的神明米克特兰堤库特里（Mictlantecuthli）的死亡头颅准备吞吃一个盘子里盛的米老鼠。[③] 2011 年，弗拉德尔斯鲍表演团将普契尼（Giacomo Puccini）的《图兰朵》（*Turandot*，1926）改编成一个发

---

① 参见《充满激情的戏剧》（Gérard Mortier, *Dramaturgie d'une passion*, Paris, Christian Bourgois, 2009, p. 54）。

② 2013 年 5—8 月，卡德尔·阿提娜在柏林当代艺术学院的演讲（*Repair, 5 Acts*）。

③ 参见《恩里克·查戈亚：幻境》（Patricia Hickson et al. , *Enrique Chagoya, Borderlandia*, Des Moines, Iowa, Des Moines Arts Center, 2007）、《食人族形象：不合时宜的美德与当代艺术的历史写作》［Serge Gruzinski, "Cannibals Images: The Virtues of Anachronism and the Writing of History in Contemporary Art", in Patrice Giasson （ed. ）, *Pre-Columbian Remix: The Art of Enrique Chagoya*, New York, Neuberger Museum, 2013, pp. 48 - 65］。

生在 2046 年的故事，背景则是中国统治下的欧洲。

这些不停的时空交错让人头晕目眩。但这并非始于今日，文艺复兴时期的艺术史学家已经确定了艺术作品所特有的时间流动性[①]，艺术作品有能力反映根据时代而变化的过去。因此，时代的错位和经典的改编是当代艺术和舞台的特有资源之一，这不是偶然。线性连续性概念再次打破了单一时间性的概念，这不会不影响到我们对时间的理解，以及未来为我们准备好的所有过去。

历史学，有什么意义?

歌剧舞台与"定制的过去"结合在一起，即使看起来考究，实际上也不一定比大多数漫画和历史小说更加聪明。然而，我们仍然看到，借助歌剧可以开发各种可利用的追溯时间之方式，这就意味着"过去"可能会得到前所未有的扩散。尽管当代的想象力没有比过去更具创造力，但是随着供需全球化而增加的媒体多样性充斥着过去和未来，却大大削弱了历史学家在此方面的贡献。

虚拟世界的崛起对此束手无策。但是，要看清楚这一现象的整体情况，确实需要拉开一定距离。伴随着电子网络的接入、随心所欲的移动，虚拟手段推动了各种过去的产生，与历史创作形成了激烈竞争，尤其表现在电子游戏方面。[②] 虚拟世界的优势在于：允许在事件线索上行动（或者想象中的行动），换句话说，玩家可以完全作

---

① 关于时代错位的重新阐释，详见《错置的文艺复兴》（Alexander Nagel et Christopher Wood, *Anachronic Renaissance*, New York, Zone Books, 2010）。

② 参见《电子游戏的哲学》（Mathieu Triclot, *Philosophie des jeux vidéo*, Paris, Zones, 2014）、《美国梦的逆转》（Olivier Mauco, *GTA IV. L'envers du rêve américain*, Paris, Questions théoriques, 2014）。

为一个出演者，脱离现实而存在于故事中。

历史主题似乎是无限的，无论是当代的主题——美国对拉丁美洲的再征服、对华战争或对抗伊斯兰恐怖主义的行动，还是更早时期的主题——从遥远年代中汲取灵感以重现帝国与文明的斗争。

人们所需要的只是一个操控器和屏幕，用于建构、解构和重构各个王国。组建一个帝国并懂得如何使之经得起时间考验，这就是西德·梅西埃（Sid Micier）于1991年推出的电子游戏《文明》（Civilization）之特色。玩家从公元前4000年的"青铜时代"以前开始，穿越到现在，在不久的将来结束。游戏有多重关卡，现在又增加了多玩家版本。玩家无须被动地阅读世界历史演进，而是通过战争、外交或探险来创造一个历史。他们需要面对敌方社会，与来自未开化土地上的野蛮人斗争。[1]

为什么这些虚拟的创作不被看好？《文明》不是一个中立和无辜的游戏。整个游戏立意于那种被抹去了历史特点、经过提炼的保守欧洲中心主义的主流意识形态：野蛮与文明的对立、技术创新的制胜、领导者的独裁、强者战胜弱者、弱者注定灭亡[2]……所有玩家只有一个目的：统治世界。

电子游戏越来越不被看作是青少年专属的娱乐方式，因为越来越多的成年人在这上面消费，甚至学校也开始对此感兴趣。教师们

---

[1]　例如游戏《文明》《帝国时代》《国家崛起》，参见《电子游戏里的神话学》（Laurent Trémiel et Tony Fortin, *Mythologie des jeux vidéo*, Paris, Le Cavalier bleu, 2014）。

[2]　参见文章《西德·梅西埃的文明史》（Adam Chapman, "Is Sid Meier's Civilization History", *Rethinking History*: *The Journal of Theory and Practice*, Vol. 17, n° 3, 2013, pp. 312 – 332）、《利用第四文明让学生学习世界史内容》（John Pagnotti et William B. Russell Ⅲ, "Using Civilization IV to Engage Students in World History Content", *The Social Studies*, n° 103, 2012, pp. 39 – 48）、《在世界史课堂中使用文明模拟的电子游戏》（ "Using Civilization Simulation Video Games in the World History Classroom", *World History Connected*, http：//worldhistoryconnected. press. illinois. edu/4. 2/whelchel. html）。

认为，可以利用这种最先进的技术实现新的历史阅读模式，打破以往读者阅读的被动性。历史题材的电子游戏或将开启别具一格的历史形式之路径——"审视和修正"，这样一来，便有可能打破事件过程是预先确定的观念，或者文明遵循着一种无法避免的机械原则之假设。在教师们看来，电子游戏中的虚拟历史能够替换历史进程中实际发生的场景，历史考察也依赖于建筑、物体、景观的虚拟重构，这一切正在抹去虚拟创造和历史研究之间的界限。

同任何其他的媒介一样，电子游戏完全可以作为认知和反思历史的工具。原则上来说，认识和反思历史是可行的，只是我们还远未达到这一目标，也看不出为什么电子游戏会比幻想小说或历史纪录片的效果更好。专业历史学家从未掌控住人们对过去的创造，面对我们所经历过的各种形式的竞争，他们是否有办法让电子游戏重新回到历史反思的轨道上来？不过，对于历史学者来说，问题出在其他地方。那就是游戏开发商为玩家所创建的无限虚拟宇宙和历史，具有无法抗拒的吸引力。

这一切都使我们密切关注着一个熠熠生辉的领域。虚拟化在我们生活中占据的空间只会越来越多，并且随之而来的是自由穿越到过去和私人定制的未来。然而，虚拟化造就了一个完全不同的帝国，玩家看到的图像不是历史叙事、生动演出或是电影拍摄。若想抵抗它所带来的刺激感、沉浸感等惊人效果及其所传达的固有的意识形态，真是难上加难。①

在这些条件下，历史学能做些什么？

---

① 除非另辟蹊径，诸如独立创作的游戏《和平制造者》（*Peace Maker*，2007）、《请出示证件》（*Papers Please*，2013）、《无人驾驶》（*Unmanned*，2012）等。这些游戏引起了激烈的批评："最好的政治游戏是那些能够抓住我们的游戏，能够通过游戏对我们的竞争行为产生怀疑。"（Mathieu Triclot）

第五章　全球化的世界，拥有全球史吗？

明天，欧洲在 14、15 世纪的扩张史将与中国扩张的成败史并驾齐驱。[1]

——皮埃尔·肖努（Pierre Chaunu, 1923 – 2009）：《13 至 15 世纪的欧洲扩张》（*L'Expansion européenne du XIIIe au XVe siècle*, 1969）

什么是全球史？全球史并不存在，或者说，这个问题不可能有简单的答案。如果仅仅是对世界史或者文明史的重新思考，那么它是否有理由存在？全球史也不应与匆匆"改头换面"的国际关系史混为一谈，更不能以跨越全球和涵盖百年东拼西凑出的论文集作为代表[2]。给历史的一些形式——每种形式都回应了行之有效的规则和具体目标——贴上新的标签或时髦的形容词，意义何在？

---

[1]　参见《13 至 15 世纪的欧洲扩张》（Pierre Chaunu, *L'Expansion européenne du XIIIe au XVe siècle*, Paris, PUF, «Nouvelle Clio», 1969, p. 259）。

[2]　关于历史学讨论，参见拙文《在全球化的世界里研究历史》（Serge Gruzinski, «Faire de l'histoire dans un monde globalisé», *Annales HSS*, n° 66 – 4, 2011, pp. 1081 – 1091）、《天主教君主制和"其他相关历史"的混合世界》（«Les mondes mêlés de la Monarchie catholique et autres *connected histories*», Annales HSS, n° 56 – 1, 2001, pp. 85 – 117）以及双语论文集《史学背景：全球史》（*Annales HSS*, http：//annales. ehess. fr/index. php？247&http：//annales. ehess. fr/index. php？252）。

三个而非一个世界

注重全球视野，意味着需要关注各个社会之间的联系。这种视野既聚焦于社会整体和衔接，也放眼于人文、经济、社会、宗教以及政治布局等方面如何使全球同质化或抵制变动。全球史离不开对全球化和世界化进程的反思，我们若要与全球的过去和现在进行对话，全球史显然是可靠的途径之一，将推动我们重新审视这个星球上过去和现在的杰作。

对我来说，无论在巴黎、普林斯顿还是在贝伦（Belém）的讲学都是一种荣幸和挑战。每一次我都在思考，该如何使用当地语言来引起那些继承了不同遗产、立场迥异的听众们的共鸣？

巴西的贝伦和亚马孙，这些与欧美相距甚远的地方似乎都差不多，但是亚马孙人的观点与里约热内卢或圣保罗工业城市的人们想法不尽相同。尽管亚马孙拥有丰富的资源，在世界其他地区看来占有中心地位，却一直处于西方人想象的边缘。贝伦的大学生因为选择了历史学也处于这种孤立无援的境地，正在利用巴西高等教育的发展和新技术手段努力克服现状。我们在欧洲难以想象这样的状况，巴西大学的体制变动、无力更新，直接导致了学生的毕业证不再具有说服力。与以往或现在美国的大学不同，如今，巴西的象牙塔已不再是学生们迅速进入社会的直升梯；而距离巴黎和贝伦千里之外的普林斯顿，其教育方式得到了几乎所有用人单位的认可，为优秀学生提供了理想的教育条件。

这三个世界以不同的方式发展了一门以其现代形式产生于欧洲的学科。每个世界都在这个学科传统中占据着独特地位，而这一传统将继续把贝伦南部置于一个卫星的位置，今天又以其英美版本强加给所有人。

在全球化的世界里，分别来到欧洲或大西洋彼岸的这几代学生有什么共同之处？他们学到了怎样的历史？教授给他们同样的历史是否可行？这便是我四处讲学时所思考的问题，也是未来的研究人员和教师们需要思考的问题。

打破壁垒

让我们从障碍说起。历史学家的壁垒成为他们从这门学科所接受的遗产之一。文献、田野等各种各样的研究方法虽然不断引发争论，却很少有人把原因归咎到壁垒问题，也就是传统上划分这门学科的壁垒——地理和编年。长期以来，人们仍然普遍将历史划分为上古、中古、现代、当代或者前哥伦布时代、殖民时代等，我们已经默认了这种对历史时期武断的固化和限定。当德国哲学家彼得·斯洛特戴克（Peter Sloterdijk）提及前哥伦布时代的欧洲这一话题时[1]，得到的回应是一片沉默。这不是在开玩笑。战后，我们为了参考不同地区视域的差异规划了文化区域，这些划分却很快成为一些防卫的围墙。[2] 至于欧洲历史，直到21世纪初还不能确认下来，更不用说其他地区的历史，被大多数欧洲和美洲国家草草略过。[3] 这就导致了民族史和地区史无法在教学中起先导作用，反倒成为教学中的主要障碍。

---

[1] 参见《环球》（Peter Sloterdijk, *Esferas*, t. Ⅱ, Madrid, Siruela, 2003, p. 856）。

[2] 参见本人组织的研讨会"思考世界"论文集中的文章（Serge Gruzinski, Sanjay Subrahmanyam, *Annales HSS*, n° 56‑1, 2001）。

[3] 在法国，如果扩大教学设置的努力和大型竞赛的问答象征了一种开放，那么这种开放并不总是回避愚蠢行为或欧洲中心主义。参见拙文《将伊比利亚半岛纳入历史协定方案引起争议》（Luiz Felipe de Alencastro et Serge Gruzinski, http：//america-latina. blog. lemonde. fr/2013/07/13/linclusion-de-la-peninsule-iberique-au-programme-de-lagregation-dhistoire-suscite-une-polemique）。

　　欧洲的历史长期以来被我们视为世界的历史。在欧洲之外的日本、美国以及拉丁美洲，很多人在很长时间里都表现出相信这一事实，并且表现得好像认可这一说法。直到 20 世纪末，一些美国大学的风向才开始有所转变。以往历史学家们将其他社会的演变与严格意义上的欧洲范畴和问题联系在一起的确定性被动摇了。[①] 这是对的。要理解世界历史，必然不能将欧洲历史凌驾于其他地方历史之上。欧洲中心论所架设起的欧洲视角具有单一的、普遍化的特点，因而这种主张虽然可以清除一些壁垒，又不可避免地建立起另一些隔阂。那么，我们应该如何才能克服欧洲中心主义，而不至于陷入世界史，使任何阅读都陷于泛泛而谈的泥沼里，在抛出观点的同时又能够不丢掉基本立足点？

重建框架

　　比较史学对延伸历史学家的视野做出了重大贡献。比较，通常起源于一个共同的主题，比如法国和俄罗斯的革命或者专制的思想，墨西哥和安第斯山脉地区对工作和权力的概念，意大利和北欧的文艺复兴表现等。通过时空比较，历史学家可以更好地分析这些从根本上不同的情况或找出相似特征，再通过分类去梳理被海洋或世纪所分离的不同社会之间的联系。[②] 但是，比较史毕竟不是全球史。

　　全球史更倾向于其他类型的比较，比起外部问题和预设主题，这种比较的灵感更多来自于不同历史时刻所形成或打破的一些整体

---

　　① 参见《欧洲的省级化：历史思想与历史差异》（Dipesh Chakrabarty, *Provincializing Europe：Posthistorical Thought and Historical Difference*, Princeton, Princeton University Press, 2000）。
　　② 参见《历史范式的政治运用》（Luigi Canfora, *L'Uso politico dei paradigmi storici*, Bari, Laterza, 2010）。

上的看法。16 世纪初期，葡萄牙人和西班牙人似乎对印度尼西亚摩鹿加群岛的富饶迷恋有加：第一批人向东进发，避开非洲，先是调查南部海域的岛屿，然后越过印度洋；第二批人向西，深入加勒比地区。1511 年，当葡萄牙人占据了马六甲、西班牙人定居在圣多明各和古巴之后，又开始觊觎他们所谓"坚实陆地"的地方。而仅仅数年之后，伊比利亚人及其意大利同伙，再次将目标瞄准了明朝时期的中国和中美洲。这些地区彼此之间所建立的联系仍然在本质上影响着今天的世界秩序。中国和墨西哥将被标记在欧洲扩张史上：前者用来展示伊比利亚人的优越性，后者向征服者打开了美洲大陆和文明的大门。葡萄牙远征队从广州消失的同时，西班牙入侵者粉碎了阿兹特克人的统治。至此，墨西哥大势已去——它的帝国、神话和金字塔都随着历史的风云消散而去；与此同时，除了 19 世纪清政府不得民心之外，崛起的中国在当代世界上比以往任何时候都更加光辉闪耀。

因此，除非我们想要停留在伊比利亚人发现和扩张的既有视域之中进而坚持殖民者与被殖民者之间的对峙，否则，在整体分析这一人类历史的重大事件（发现新大陆）时就需要另一种框架。这种框架必须努力摒弃欧洲中心主义，与"被征服者视角"共情，而不是转变成权衡行为。民族史学便具有这样的优点。纳森·瓦希特（Nathan Wachtel）曾经研究过美洲土著人对欧洲征服者的反应方式，开创了以"被征服者的视角"探索这段历史的方式。[1] 然而，尽管瓦希特涉足了长期被忽视的领域，却依然保持了他看待世界的二元视角，在这样的视域中，欧洲仍是这场较量中必不可少的关键词之一。

---

[1] 参见《被征服者的视角》（Nathan Wachtel, *La Vision des vaincus*, Paris, Gallimard, 1971）。

为了掌控 16 世纪欧洲在中国和墨西哥的势力范围，追踪各个合伙人的发展动向，历史学家必须紧跟葡萄牙人和西班牙人的脚步，从而对他们所处的社会产生了兴趣。1517 年前后，当墨西哥和中国海域吸引了大量的葡萄牙人和卡斯蒂利亚人时，伊比利亚欧洲、东亚和中美洲之间出现了新的关系，调动了大量的行动者和利益集团。葡萄牙人在广州登陆后遇见了哪些中国人？水手、亚洲侨商、渔民、农民、衙役、士兵、官吏、中国南方的大商人、与马来人勾结的马六甲海盗。西班牙人在美洲所面对的印第安人又是哪些？尤卡坦（Yucatan）的玛雅人（Mayas）、墨西哥湾的酋长和平民们、托纳克人（Totonaques）、特拉斯卡特克人（Tlaxcaltèques）、特克斯可卡因人（Texcocans）和墨西哥内陆人。他们发现了什么？中国人和美洲原住民又遇到了谁？加勒比海边晒太阳的征服者、加勒比地区的土著人、移民过去的非洲黑人、葡萄牙士兵、里斯本商人、处处可见的热那亚人和威尼斯人，还有飞行员、谈判者和冒险家……

如果说征服或殖民活动往往形成两个对立的阵营，那么全球化的进程中就会调动起多边伙伴关系。在这一过程中，一些人的立场明确：例如蒙特祖玛皇帝①的臣子或使节对伊比利亚人的入侵表示不满；但是更多人在合作的诱惑、走私的利润或政策的观望之间徘徊。后来，古巴的西班牙人和马六甲的葡萄牙人已经可以依靠经验，将热带地区的欧洲人与留在伊比利亚半岛或地中海沿岸的欧洲人区分开来。

殖民参与者的名单从来都不是详尽无遗的，受害者与胜利者也不总是一群人：中国人的反抗将欧洲人置于"外人"的位置，并剥

---

① 蒙特祖玛二世（1475—1520），古墨西哥阿兹特克帝国君主，曾一度称霸中美洲，死于西班牙人入侵，阿兹特克文明就此灭亡。——译者注

夺了他们扮演征服者的机会，使他们变得"像在乱葬岗上空盘旋的老鹰"①。欧洲在墨西哥的情况扭转了局面：欧洲人终于在那里实现了征服和殖民。当整体视野使立场和对抗无限多样化时，关于他异性（l'altérité）的话语模式便不再适用了。那么，在加勒比地区或巴西地区，欧洲人是什么角色呢？与此同时，来自马六甲的葡萄牙人居然在中国沿海扮演了野蛮原始人的角色？

对于这些前所未有的情况，我们意想不到，也不可预知。因为在这些情况中，必须对欧洲游客、美洲土著和亚洲人进行重新框定和深入考察，才能将这些情况在比较史学的范畴内进行研究。伊比利亚人在两个不同地区的同时举动，更好地说明了他们行动性质一致且分头行动的原因。当时是什么人在应对在古巴的西班牙人和在马六甲的葡萄牙人？让人意想不到的是，当我们比较中国社会和美洲印第安人社会，立足于这些地区呈现出的双重境况，便可以从以中国与欧洲、美洲与欧洲的对抗为轴心的记载中走出来。② 这项工作是有意义的，即使仅揭示了"在欧洲人入侵时中国人和墨西哥人产生不同反应的原因。尤其是那些在不同文明之间发生冲突时的重要记载：在水陆上快速行动的能力、获取和传播信息的艺术、在大陆和洲际范围内的作战习惯、在可预见和不可预见的情况下调动军事和人力物资的能力以及胸怀天下的倾向"③。如果这样的工作能够完成，那么有助于解决殖民或后殖民关系的那些从中心和边缘角度的分析便不再是真正意义上的了。但这仍然不足以转移人们固有的视

① 参见《征服者》（José-Maria de Heredia, «Les conquérants», *Les Trophées*, 1893）："像是在祖坟上空盘旋的老鹰/司机和船长们从马德里启程，怀揣着英雄和残暴的梦想。"

② 参见《大分歧：中国欧洲与现代世界经济的形成》（Kenneth Pomeranz, *The Great Divergence: China, Europe, and the Making of Modern World Economy*, Princeton, Princeton University Press, 2001）。

③ 参见《鹰与龙》（Serge Gruzinski, 2012, p. 21）。

线。这样说并非没有理由。出于习惯的直觉，历史学家皮埃尔·肖努大约在五十年前就已经写出了："明天，欧洲在 14—15 世纪的扩张史将与中国扩张的成败史并驾齐驱。"

再连接

如何走出"文化区域"，打破常规——也就是我们常说的殖民的美洲、文艺复兴的欧洲或者奥斯曼土耳其人的地中海？让原始文献说话往往就足够了。即使对于一个资深的美洲文化研究者来说[①]，也需要接近那些不了解的地区，比如中国和土耳其，以确定当时人们走过的痕迹位置。一个简单的日期对比（例如马六甲与古巴的1511 年）便可以引导历史学家开创新的视野，如同徒步旅行者在崇山峻岭中惊喜地发现了新的高峰。有时，很少被利用过的两个重要文本碰撞在一起，就会出现意想不到的线索。《西印度史》（*Tarih-i Hind-i Garbi*）是一本从奥斯曼视角来描述世界的书，对其统治下的美洲引以为豪。对伊斯坦布尔的知识分子来说，这本书直到18 世纪仍是新世界的参考书，于1730 年印刷出版。在关于墨西哥天文、占星和历史的论著《时代汇编：新西班牙的博物学》（*Repertorio de los tiempos, y historia natural de Nueva España*）中，作者恩里克·马丁内斯（Enrico Martínez）写有两章关于奥斯曼帝国历史的内容。当时的墨西哥对土耳其历史饶有兴趣，伊斯坦布尔也偏爱美洲新大陆的历史。[②]

---

① 指作者自己。——译者注
② 参见《那里几点了？处于近代边缘的美洲和伊斯兰世界》（Serge Gruzinski, *Quelle heure est-il là-bas ? Amérique et Islam à l'orée des Temps modernes*, Paris, Seuil, «L'univers historique», 2008）。

厚重的壁垒分隔了研究领域，东方学者无法接触到《时代汇编》，美洲学的研究者也忽略了《西印度史》。《时代汇编》于1606年在美洲出版，为墨西哥读者讲述了奥斯曼帝国的历史，透露了这个地区的过去，揭秘了这个大国的起源并预测其未来。作者认为，该王朝行将崩溃，伊斯兰世界即将灭亡。二十几年前，伊斯坦布尔的一位编年史学者也曾编写过一部关于发现和征服美洲的漫长历史，但是《西印度史》经久不衰，不断被转引和再版。这本书向伊斯坦布尔读者展现了一个世界的宏观概览，首次展示了美洲新大陆的动植物与其近代历史。① 这些文本汇合在一起，突然间把迄今几乎没有引起人们注意的联系挖掘出来，好像美洲与伊斯兰的冲突只是最近才出现的现象——最极端的标志是双子塔被摧毁。谁能想到，当时如日中天的西属墨西哥首都会热衷于谈论奥斯曼帝国的衰落？谁又能想象到土耳其人渴望了解墨西哥和新大陆的一切，甚至还有人梦想着征服这里？因此，利益是交互的，这使得一个想象中的全球地理学出现了。对此我们不能无动于衷。本书的考察目的不仅是为了重塑一个时期，更致力于将传统学术割裂开来的过去联系起来，或者说是重新连接起来。

然而，如果仔细观察，伊斯兰和美洲的命运自哥伦布以来就被紧紧地连在一起了。在重新征服穆斯林西班牙之后，探险活动就再也没有实质性的进展。而且从一开始，卡斯蒂利亚和阿拉贡就梦想着利用从安德列斯群岛获得的战利品来资助夺回耶路撒冷。他们需要这些岛屿的财富来对抗穆斯林，需要用伊斯兰教为掠夺新土地提供说辞。在新世界里，伊斯兰教并没有实际存在，却对当地社会产

---

① 参见《奥斯曼土耳其与新世界：〈西印度史〉与16世纪奥斯曼的美洲研究》（Thomas Goodrich, *The Ottoman Turks and the New World. A study of "Tarih-i Hind-i Garbi" and Sixteenth Century Ottoman Americana*, Wiesbaden, O. Harassowitz, 1990）。

生了深远的影响——在传教士的暗中指导下，当地人很早就佯装进行了反对摩尔人①和基督教徒的战斗。而与此同时，其他的欧洲人，如英国人，则开始频繁出入于地中海和美洲海岸，急忙他摩尔人和印第安土著混为一谈，以同仇敌忾。②

另一边，从哥伦布的早期航行开始，土耳其人就十分关注新大陆的命运。著名的奥斯曼海军上将皮里·雷斯（Piri Reis，约1480－1554）凭借各种信息（包括哥伦布的一张地图）绘制了世界地图，上面清晰地标出了南美洲的西岸。如果说文艺复兴时期的欧洲人在审视美洲时无法不想到伊斯兰和伊斯坦布尔，那么他们在构想其余的世界之时，也想到在世界版图上给予"新印度"一席之地。当时的阿拉伯学者对这一广袤的土地所知甚少，于是西印度群岛很快就落入基督教徒之手。

这一巨大的空间透视为我们带来了什么？首先，这个场景扰乱了过去以欧洲为中心的所有建构，突然间变成了一件过紧的衣服：《西印度史》和《时代汇编》都谈到了土耳其和美洲问题以及与之相关的西班牙和其他欧洲国家。在专家眼里，这一舞台为美洲历史和奥斯曼历史研究增添了意想不到的维度。同时，此二作还使人们关注到了大西洋彼岸早期崛起的东方主义，由此，东方主义不再是西欧的独家发明。欧洲人立刻与新大陆的克里奥人③分享了在东方的发现，因为他们很早就开始对这些"东印度群岛"（亚洲）进行想象和幻想。但是，毕竟与塞维利亚或威尼斯人不同，这些生活在西

---

① 多指在中世纪时期居住在伊比利亚半岛（今西班牙和葡萄牙）、西西里岛、马耳他、马格里布和西非的穆斯林。——译者注

② 参见《发现新大陆时代的土耳其人、摩尔人和英国人》（Nabil Matar, *Turks, Moors and Englishmen in the Age of Discovery*, New York, Columbia University Press, 1999）。

③ 安德列斯群岛等地的欧洲后裔，讲一种法语、西班牙语、葡萄牙语和本地语的混合语。——译者注

印度群岛的墨西哥人不会忘记两个印度群岛存在相似之处，在西班牙，他们往往被戏称为"印度佬"（Indianos）不是没有原因的。相反，在伊斯坦布尔，奥斯曼学者所形成的世界第四部分（美洲新大陆）的概念，显示出穆斯林和土耳其人对美洲的看法，这种看法似乎与欧洲人看待美洲一样心怀不轨。《西印度史》的序言中有这样一段话，意在激励奥斯曼君主把新大陆从基督教徒手中夺过来："尊敬的陛下，我们向您发愿，在不久的未来，伊斯兰人民血液中的利剑会刺穿这片有利可图的土地，让伊斯兰教的光芒照耀新世界，我们所描绘的财富以及其他充满耻辱的异教徒的财富将在圣战的主人们和我们的民族之间分享，是我们的民族在圣战中投入了全部力量。"①

总而言之，这种双重开放的模式进一步揭示了（困扰当代世界的一个问题）：欧洲、伊斯兰世界和美洲之间的紧张关系。全球史的优点之一就是提醒我们，当今的所有关注、执念和幻想并不仅仅是我们这个时代和媒体的产物。自15世纪末以来，全球化的发展加剧了基督教欧洲与世界其他地区之间的紧张关系，尤其是与伊斯兰国家，伊斯兰国家从未遭遇过这种竞争。

可能有人会指责我们用两个同样坚持民族中心主义的文本来取代伟大的欧洲中心主义叙事：由于《时代汇编》所面对的读者，以及它赋予墨西哥城及其过去在地理位置上的重要性，该书以墨西哥为中心的程度达到极致，而奥斯曼帝国的编年《西印度史》则继续坚持其伊斯兰教的中心主义；前者从墨西哥城开始测量地球，后者则用伊斯兰古尺来丈量世界。然而，正是由于结合了民族中心主义才凸显了两者的偏见和特点。两位作者的宗教立场坚定，他们所处

---

① 参见《那里几点了？》（Serge Gruzinski，2008，p. 127）、《奥斯曼土耳其与新世界》（Thomas Goodrich，1990，p. 253）。

的社会行进在截然不同的历史轨迹上,因此,必须在不破坏亦不背叛的情况下考量他们的所思所想。从另一方面来看,来自墨西哥的这位德国作者和来自伊斯坦布尔的这位不知名作者与读者们分享了拥有几千年悠久历史的、充满科学和智慧的两个世界,我们要做的是将这两个不同的世界聚集在一起而不是对立起来。这有点像《俄罗斯方舟》中截然不同的两种意见一样,古斯丁侯爵与俄罗斯旁白者的话语促使观众的思维在两者之间不断转换和进行比较。

奥斯曼视角和墨西哥视角的平行出现催生了一种双重目光,如果再加上我们自己的视角能够形成三重目光。透过这些视角,我们得出的是一种平等的历史还是一种始终自说自话的过去?这些观点之间的平衡无法稳定下来。因此,我倾向于在两位先导者的不断交锋中游戏,通过阅读他们笔下相互映照的过去来解读平行主义。台湾电影制片人蔡明亮铺就了这样一条道路,他在电影《你那边几点》(*Là-bas*, *quelle heure est-il*, 2001)中围绕在巴黎和台湾两个大城市的生活展开故事,激发了我们对墨西哥城和伊斯坦布尔进行双重探索的想法。[①]

斯卡拉剧院[②]的印第安人

古典音乐史仍然是欧洲中心主义的堡垒之一。从蒙特威尔第(Monteverdi, 1567 – 1643)到巴赫(Bach, 1685 – 1750),从莫扎特(Mozart, 1756 – 1791)到贝多芬(Beethoven, 1770 – 1827),从舒伯特(Schubert, 1797 – 1828)到马勒(Mahler, 1860 – 1911),似乎不

---

① 参见《那里几点了?》(Serge Gruzinski, 2008)。
② 意大利著名歌剧院(Scala),位于米兰,于 1778 年正式启用。——译者注

言而喻，这条线贯穿了西欧的心脏地带，尤其是在意大利、德国和法国，柴可夫斯基和鲍罗丁在俄罗斯的闯入是例外。拉丁美洲从 16 世纪以来就产生了欧洲风格的音乐和音乐家，虽然通常不会被欧洲所接受，但是在这里，人们却拾取一些美妙的惊喜，变成音乐爱好者的快乐源泉。消除这段历史的壁垒，就可以获得一切。1883 年，歌剧《瓜拉尼人》（*II Guarani*）让巴西人卡洛斯·戈梅斯（Carlos Gomes，1836－1896）一举成名，并首次在墨西哥城上演。卡洛斯·戈梅斯的音乐随即引发了他的对手之一——墨西哥作曲家梅利西亚·莫拉莱斯（Melesio Morales，1838－1908）在当地媒体的冷嘲热讽。这一次，是一部作品和一位音乐家的震撼，以一种意想不到的方式揭示了 19 世纪欧洲音乐全球化的影响。出于艺术、社会和经济原因，音乐的全球化以意大利歌剧的胜利落下帷幕。自从美洲的大城市开设了剧院，一些意大利剧团穿越大西洋前去演出，团长和音乐大出版商们（为首的是米兰里卡多家族）腰包满满；而墨西哥作曲家和巴西艺术家们也前往意大利，将作品在最好的剧院展示，如米兰的斯卡拉剧院或佛罗伦萨的巴格里亚诺剧院。卡洛斯·戈梅斯的大多数歌剧是 1870 年至 1891 年之间在斯卡拉首次登台亮相的。1884 年，在墨西哥爆发的媒体争论[1]超越了音乐领域，揭示了这两个拉丁美洲国家在思想上和艺术上的分野。这场争论表达了他们在面对欧洲和"洋基人"[2]时的共同意愿：确认与意大利建立的特权关系，换句话说，就是他们那个时代的开化社会的共同外表。这一

---

[1] 参见《戏剧·想象·社会——19 世纪的墨西哥与巴西：相连的历史》（Veronica Zarate Toscano et Serge Gruzinski, «opera, imaginacion y sociedad. Mexico y Brasil siglo XIX：Historias conectadas. Ildegonda de Melesio Morales e II Guarany de Carlos Gomes», *Historia Mexicana*, *El Colegio de Mexico*, Vol. 58, n° 2, 2008, pp. 803－860）。

[2] 最初是指在美国东北部新英格兰地区定居的殖民者。——译者注

段历史使我们经由拉丁美洲的剧院大门走进歌剧的历史———一部社会、政治、经济以及音乐的历史。但是，若要衡量歌剧的全球影响力，了解布宜诺斯艾利斯、里约热内卢或墨西哥城在歌剧传播史中所发挥的作用，这难道不是最佳的方式吗？在里约和在米兰一样，歌剧对民族身份的形成举足轻重，在墨西哥城和巴勒莫（意大利）亦可以明显地看到一些人受到早期"世界音乐"的影响。19 世纪下半叶，在里约、米兰和墨西哥形成了将西欧与美洲联系在一起的音乐地理环境，人们常常忘记了其最初出现在文艺复兴时期。梅利西亚·莫拉莱斯在佛罗伦萨演出成功后又将《风暴》（*La Tempestad*）搬上了斯卡拉歌剧院的舞台，而卡洛斯·戈梅斯在米兰的凯旋却阻挡了美洲地区的历史被列入欧洲对新世界影响的名单。

本地，死胡同还是十字路口？

打破壁垒，重新框定，再连接，通过这些方法足以形成全球史了吗？我们需要革新文明史或世界史，除此之外我们不知道能还有什么方法。

选择一个起点非常必要。比如在一个特定地方发生的一个具体事件：墨西哥《国家报》（*El Nacional*）上记载的梅利西亚·莫拉莱斯音乐事件为我们提供了线索。拉丁美洲的歌剧史把我们从墨西哥城带往里约、米兰甚至佛罗伦萨。我对美洲伊斯兰教的思考从《西印度史》作者所在的伊斯坦布尔启程，同时，古巴和马六甲为我提供了伊比利亚入侵墨西哥和中国的线索，这是另一本书《时代汇编》的起点。没有全球史，便没有本土的一个确切位置。本土往往被网罗在单一研究或微观历史里，人们也可以选择解开将本土与周围世界捆绑起来的绳索，比如土耳其和西属墨西哥之间、奥斯曼帝国和新世界之间以及米兰和巴黎与里约热内卢之间的绳索。进入全球历史，必须经过本土的大门。

事实上，我们还不习惯把本土作为思考的起点，使之成为一个可以呼应无限广阔环境的特殊界域，尽管有时相当遥远，根据时代而变化，并在大量与外部的现实关系中建构起来。今天，我们是否仍然把巴西想象成一个充满异国情调的、混乱的国家，而不是作为世界第四大或第五大重要枢纽，全球主要信息流通十字路口之一？①

很难打破或移除封锁着本土的枷锁。对安全的需求、对连续性和稳定性的假想、对极致奇异性的想法、对本源的追求甚至是追讨，这一切不断灌输和影响着本土。除此以外，今天还增加了生态问题，稍微盘点一下地球上的自然美景，就会引起人们对生态的迫切需要和关注。当代对文化遗产的重视也不过是对祖先和故土依附性的现代化表现。旅游业通过开发纪念场所、建造博物馆、设立各种节庆活动和美食节，为本土做出了巨大贡献。

这种本土上的自我回归多多少少有些神秘，这种对其他地方的视而不见或多或少让人安心，一定有其古老的起源：祖先赐予的土地，数百年来一成不变，过去和现在都令人心安理得、怡然自乐。但是，一旦实现了全球规模流动的可能，土地上的人们就会失去稳定。全方位的流动一经发展起来，土地便不再是永恒的港湾，不再是人们永远的归宿地，不再是永远维系的缰绳，甚至不再是民族纯粹性的庇护所。面对这些令人不安的变化，各个社会通过各种形式来应对，包括巩固领土，封锁边境，宣扬国家、地区、语言甚至种族，拒绝地方或国家级别上各种形式的民族优越感和想象。这些反

---

① 语出美国大使托马斯·沙农（Thomas Shannon），参见韦加博客（Veja blog, 14/09/2013, veja. abril. com. br/blog/ricardo-setti/tag/thomas-shannon）。

应在一定程度上解释了今天人们若要建立一个领土与其他领土的多方联系时所遇到的困难。

"犹如世界"

一些作者因其围绕故土主题的创作而成名①,例如巴西作家若昂·吉马朗伊斯·罗萨(João Guimarães Rosa)的长篇小说《广阔的荒原:条条路径》(*Grão Sertão:Veredas*,1956),是20世纪文学的重要作品之一。作者调动起所有资源——特别是他出色的语言创造力——在书中架构出真正的英雄空间:米纳斯吉拉斯州(Minas Gerais)的广阔草原,一个由该地上的动物群、植物群、居民和语言重组的非凡的微观世界。这是一片自给自足的地域:跨越了荒凉与繁华,将干旱的热带草原与郁郁葱葱的绿洲结合起来。总之,是一个在作者带领下可浏览几百页的地方。这只能是一部地域性小说,建构在一个由传统、记忆和世俗生活社区所定义的土地上。作者在这部作品中所要表达的是:"荒原犹如世界,荒原无处不在。"

在日益全球化的背景下,我们应该如何理解地方性?圣塔伦不只是一个坐落在亚马孙河和塔帕约斯河交汇处的赤道城市;穆尔西亚省不只是欧洲退休老人的旅游天堂;塔祖尔不只是一个罗马废墟,被遗弃在荒地之间;巴黎的十五区只剩下了中产阶级的宁静和一望天际的街道,这些街道在19世纪的郊区声名鹊起:克罗伊·诺维特大街、圣·查理大街(纪念查理十世)、乍富尔街(这里制造出著名的洗涤

---

① 离我们比较近的是普鲁斯特的贡布雷镇:"(画在贡布雷彩色玻璃窗底部盾形纹章上的)这些土地,几百年来被领主们所占领……这个显赫的家族,从德国、意大利和法兰西各个地方获得了许多领地,在那里,盖尔芒特家族与北方的大片土地与南方有权势的城邦合而为一。"(《追忆似水年华》卷六《盖尔芒特家那边》)

剂）……每天晚上，鲁尔迈和圣·查理街道之间的游戏场地迎来一群又一群的年轻人，他们的祖先来自大西洋的另一边或地中海对岸。美丽社区多样化的人口并不意味着人口之间的融合，甚至远远无法融合。在一个研究殖民美洲的历史学家看来，巴黎就是一副西班牙统治下的利马或墨西哥城的样子。无论我们愿意与否，每个地方都与其他世界相连，迎接着各种宗教、记忆和生活方式，我们却并没有为共同生活做好准备。

萨利纳斯的黑金

萨利纳斯（Salinas）是个小渔港，坐落在亚马孙河流域的大西洋沿岸。退潮时，灰色的海水向地平线退去，大片沙滩和海盐显露出来，海风不绝于耳。这一个无名的海岸，藏在茂密的红树林地幔之下，毫无生气。17世纪，这个印第安人居住的地区曾是传教区，一个世纪之后，该地区获得了使用非洲奴隶的权利，印第安人、黑人与该地的一些葡萄牙人混在一起。在周围的乡下，印第安图皮人的音乐和非洲音乐交汇在一起，诞生了大西洋亚马孙河流域最著名音乐之一——加林波（Carimbo）。每年9月，村子里都会拜祭索科罗镇（Socorro）的圣母玛利亚，如同贝伦在10月供奉娜扎雷圣母一样①。萨利纳斯也是亚马孙时代古老的海滨度假胜地，除了帕拉州（Pará）数百公里的海滩，这里也没有什么特别的。20世纪中叶以来，这个小港口成为避暑别墅的集聚地，来自贝伦的富豪们在此度假，当然他们今天更青睐于佛罗里达州的国际化沙滩。

---

① 关于该地的宗教历史，参见《父亲、巫师、圣徒和庆祝活动》（Raymundo Heraldo Maués, *Padres, pajés, santos e festas, Catolicismo popular e controle ecclesiastico*, Rio de Janeiro, Editora Cejup, 1995）。

特别是在 7 月,萨利纳斯尤其活跃,这个地方的年轻人们犹如身处都市。在一个以日本姓氏"山田"命名的全新超市里,度假者像在城市里一样消费,当地人兜售着来自中国的小玩意儿。在熙熙攘攘的破旧公共汽车里,商贩们来来回回,向穷人们推销着冰淇淋和从阿塔拉亚海滩(Atalaya)上捡回来的牡蛎。这些旧车上配置了平板电视,全天播放着里约摇滚音乐节的盛况。2013 年 8 月 24 日,在以双曲线赛道而闻名的萨利纳斯,首次举办了"Salcross Bmx"自行车越野锦标赛。到了星期天晚上,我们会看到几十个年轻人在俯瞰海湾的海滨长廊中漫步。当他们听到汽车后备厢里的巨大扬声器传出音乐时,便立刻开始手舞足蹈,手机亮光映照着正在收发讯息的一张张年轻的面孔。科技使萨利纳斯的青年一代与全世界不断交织在一起。

其实,全球比我们想象的更近,在山田超市里,在手机芯片中,甚至在目前还看不见的、几百公里以外的海洋水域之中:萨利纳斯一直吸引着投资者们,因为在太阳升起的地平线上,在六千米的海底深处,蕴藏着不可估量的石油宝藏。亚马孙海岸的时间因此不断加速甚至超速。一个以石油研究为中心的大学城(石油勘探与生产工程、海洋工程)将在这里拔地而起,房地产公司迫不及待地用巨大的棕榈树林划分出住宅区,以迎接即将到来的工程师和石油工人。萨尔加多(Salgado)注定要成为一个石油中心,面向所有觊觎者开放,包括本国的石油公司、美国的石油公司甚至中国石化集团。萨利纳斯市长瓦格纳·库里(Wagner Curi)在一次会议上声称:"我们会创造成千上万个直接和间接的工作岗位",这次会议向公众宣告了油田成立的事实。

萨利纳斯不可能一夜之间从传统走到现代。20 世纪已经在这里悄悄逝去了。长期以来,脆弱而颓废的现代性已经融入这个地区。

各种不稳定的夏季工作应运而生，在阿塔拉亚海滩上驻扎的巨大营房为度假者提供啤酒和烧烤，度假者甚至无须下车便可用餐。尽管石油的浪潮即将袭来，很多现代化也早已露出端倪，旅游、音乐、数码产品、大众消费，当然还有毒品。2013 年 9 月 9 日，当地报纸报道，军警逮捕了两名可卡因贩运者并没收了一批麻醉品。①

那里几点了？

　　一个地方的时间不可能是封闭的，总是被其他时间性所影响并互相干扰，当地人对时间的一致与不一致也很清楚。

　　17 世纪初，墨西哥的心脏还在按照西班牙的时间跳动。不只是因为印第安人的时间与城市精英的时间不同，或者从非洲来的奴隶还惦记着他们失去的家园。尽管存在这种时差，这群抵达墨西哥的人仍然受到大都市的政治和时事的影响，也经常遭到抗议——他们关心的不是公务员能否适应新的税收计划和不可行的改革方案，而是被新世界的财富所吸引蹂躏着海岸的海盗、英国人、荷兰人。然而，这些本地精英的视线并未停留在欧洲或者"新西班牙"的海岸：一些人梦想着地球另一端繁荣帝国的结束。他们相信，仍然主宰着地中海同时撼动着维也纳和基督教国家的奥斯曼势力，注定会分崩离析。由宇宙学家马丁内斯精确计算的墨西哥时间，意味着伊斯坦布尔时间的终结。这种转变从非洲和亚洲沿岸开始，蔓延到新世界的大部分地区。在摩鹿加群岛的海滩上，彼此毫无关系的记忆和时间相互碰撞和纠缠，如同在此伏彼起的海浪中登陆的船只和人类。

　　当代的全球化使这些差距和交叠达到了新的高潮。台湾导演蔡

---

① 参见《灯塔》（*O Farol*, Salinopolis, n° 1, 1er août/21 septembre, p. 11）。

明亮在电影《你那里几点》中巧妙地探究了这一点。时间的多元性既是横向的也是纵向的：塔祖尔的例子表现出了时间的纵向性——古老的拱门高耸入云，作为临时球门，其罗马根源深深植入阿尔及利亚的土地里。圣塔伦河岸的时间是横向的——电影制作的亚洲时间、盗版与下载的即时、小贩的日常性、船只移动的暂停以及来自巴黎或里约过路游客的逗留。穆尔西亚地区的马格里布青年或者他们在厄瓜多尔的朋友，都与所出生的社区邻居有着一致的生活节奏——这些居民在西班牙被重新建立了时间习惯或放弃了旧有习惯。从厄瓜多尔飞往西班牙的距离似乎不比从伊比利亚半岛到马格里布的距离更难以逾越，然而手机和屏幕却能够消弭时间和空间。

时间错置的功效

如果人们坚持唯一的编年顺序，时间的重叠只会产生不和谐与年代错误，原则上历史学家必须将其进行清除，除非这些错置的意外事件没有扰乱年代的承继，不会影响全球化时间的多重表达的显示效果。[①] 线性流动的原则只是一种便捷的简化，以回应多样化的动机：简化历史的阅读，使历史一致起来以增加示范的说服力，甚至是从历史中剔除希望禁止或不予重视的东西，而不是为其寻找一处位置、一个意义或者一种功用，因此无法促进对某个历史时期的叙述。

亚马孙的 DVD 盗版商在人们看来"不合时宜"，因为这些在塔帕霍斯河沿岸出售的现代性技术产品并不符合人们对"原始"巴西

---

① 参见《错置的文艺复兴》（Alexander Nagel et Christopher Wood, *Anachronic Renaissance*, New York, Zone Books, 2010）。

的想象。也正是这个原因，这一现象变得十分有趣：在这个场景中，电影制作、传播和盗版的节奏与城市甚至岸边小商贩、亚马孙的大城市共同存在，外来的陌生时间相互掺杂在一起。通过 DVD 的制作和传播，我们可以窥见全球化进程的局部面貌。把一个地方（无论其大小）与整体和全球框架联系起来，才可以打破固有画面和套路，重新认识这个地方，同时消除对这个世界的误解。现在，亚马孙成为地球上不断密集的网络的一部分，而西方人希望看到的是当地仍然残存了他们入侵时所带去的不利影响。

第六章　欧洲的诞生

地球以一个真实的整体形式（地球仪）呈现出来时间还不长，这不是什么神秘预测，而是一个可认定的科学事实和可实际测量的空间，于是一个迄今为止难以想象的全新问题便立即出现了，那就是地球的国际空间秩序问题。

——卡尔·施密特（Carl Schmitt, 1888 – 1985）:《大地之法》（*Le Nomos de la Terre*, 2008）[1]

重回 16 世纪并不简单。新一代历史学家往往把遥远的时代抛在脑后，专注于当代，有时甚至把好奇心局限在 20 世纪内。很多方面都使刚刚起步的年轻研究人员远离 16 世纪：印刷兴盛以前的古文字陷阱，最好的课题似乎都已被大量研究过，往往缺失历史文化的简单和纯粹……这就解释了为什么老一套（比如安德列斯群岛的黑色传奇[2]）会持续充斥于我们的脑海中，也解释了像《巴利亚多利德的争议》（*La Controverse de Valladolid*, 1992）这样的电影为什么能够

---

① 德国法学家和政治思想家，其政治思想对 20 世纪政治哲学产生了重大影响，《大地之法》初版为 1950 年。——译者注

② 从 16 世纪开始，反对西班牙和天主教会的一些作家和历史学家写了大量著作来反映西班牙的残忍和不宽容，是为"黑色传奇"。——译者注

以其对过去的简单概括持续影响着观众。①

因此，让我们逆流出发，为一段久远的历史辩护，去寻求与 19 世纪和革命时代之后的世界进行对话的方式。

16 世纪的航向

为什么选择 16 世纪？因为从全球角度来看，不是所有的过去都同样重要，或者说，不是所有的历史都对理解我们面前的挑战有所助益。今天我们所面临的全球化效应来自一些可追溯的变形。现代史教授让·米歇尔·萨尔曼（Jean-Michel Sallmann）将这些变形追溯至 13 世纪，他选择在这个背景下探索《世界的伟大开拓》（*Le Grand Désenclavement du monde*, 2011）②。16 世纪，接触、冲突和交流区域成倍增加，促进了全球历史的发展。

20 世纪伟大的历史学家们曾衡量过现代曙光的重要性和伊比利亚世界所起的主导作用。费尔南·布罗代尔（Fernand Braudel, 1902 – 1985）、皮埃尔·肖努、法雷克·莫洛（Frédéric Moreau）等人均强调了 16 世纪西班牙人和葡萄牙人的经济和政治影响力。近半个世纪以前，肖努出版的两卷关于欧洲扩张和征服新世界的大作《13 至 15 世纪的欧洲扩张》仍然享誉学界；查尔斯·博克斯（Charles Boxer, 1904 – 2000）③ 也在其丰富多样、无与伦比的作品中，毕其一生探索了葡萄牙人经常光顾的巴西、亚洲和非洲海岸。所有这些历史学家都

---

① 参见丹尼尔·维哈吉 1992 年导演的《巴利亚多利德的争议》。

② 参见《世界的伟大开拓：1200—1600》（Jean-Michel Sallmann, *Le Grand Désenclavement du monde, 1200 – 1600*, Paris, Payot, 2011）。

③ 荷兰和葡萄牙的殖民历史研究者，著有《巴西的荷兰人》《葡萄牙海上帝国》等。——译者注

对欧洲与世界其他国家的关系进行了长时间的思考。然而，他们忽略了从欧洲记忆中被驱逐出去的伊比利亚历史——其中包含了美洲土著灭绝的黑色传奇。西班牙人和葡萄牙人曾在这里肆意横行，被他们"誉为"不洁的混血美洲不会忽略这段历史。难道不是因为他们才导致了混血、种族不纯以及葡萄牙帝国的江河日下？但有人却如此解读："具有讽刺意味的是，今天，也许正是葡萄牙人和他们的混乱历史以及与不同文明进行的商业贸易、文化交流和通婚，最能体现现代性的精神。"①

　　然而，历史学家并不是唯一研究这一时代的人。早在 20 世纪 40 年代，研究佛朗哥派西班牙对外关系的法学家卡尔·施密特就已指出伊比利亚的扩张如何改变了世界的想象，还草拟了第一部国际法的基本内容。这段历史启发着我们去思考权力在全球范围内的使用，换句话说，从根本上重新探究空间和政治之间的关系。② "全球"这一术语出现在施密特的笔下并非偶然，今天这个术语的含义已扩展为："新的全球空间表象要求建立全新的全球空间秩序。"③

　　更为接近的是上文提到过的当代德国哲学家彼得·斯洛特戴克，他将这一时期置于全球化哲学史的核心。不是历史学家，却提出了当前最具启发性的观点之一。④ 他看到了这些导致欧洲现代性的范式转变并尝试以"哲学灵感的宏大叙事方法"来阐释"当下的一种理论"。

---

　　① 参见《交易的地区：映射早期的现代世界》（Jerry Brotton, *Trading Territories: Mapping the Early Modern World*, Ithaca. Cornell University Press, 1997, pp. 47 - 48）。另一个备受谴责的例子参见《欧洲和更广泛的世界：1415—1715》（John H. Parry, *Europe and a Wider World*, 1415 - 1715, Londres, Hutchinson University Library, 1949）。

　　② 参见《大地之法》（Carl Schmitt, *Le Nomos de la Terre*, Paris, PUF, 2008）。

　　③ 同上（Ibid. , p. 87）。

　　④ 参见《环球》（Peter Sloterdijk, *Esferas*, 2003, pp. 721 et 750）。

转向西方

通过这种空间化和地缘哲学的方法，彼得·斯洛特戴克确定了几个超出了西班牙和葡萄牙历史的变形，大大超出了 16 世纪历史。[①]这些因素解释了欧洲大陆所设想的全球化历史的动机之一——西方化。

没有西方化，就不在欧洲以外没有欧洲人的困扰、制度和标准，也不对西方世界开放门户。古代和中世纪的人们都把目光定格在东方。东方吸引了所有拉丁基督教的朝圣者、十字军、意大利商人，甚至在非洲沿海航行的葡萄牙水手。欧洲领主皮埃尔·德·鲁贝（Pierre de Roubaix，1415 – 1498）冒险去了耶路撒冷，回到家乡后建起圣墓教堂（Saint-Sépulcre）以示感恩，该建筑成为一个后工业化城市里的中世纪遗迹。由蒙古人入侵引发的幻象，马可·波罗笔下的中国，约翰神父（Prêtre Jean）梦想中的埃塞俄比亚[②]，后来达·伽马到达的印度以及对中国的征服计划，无不重燃了欧洲人的热情。当葡萄牙人记录扩张历史时撰写下《亚洲数十年》（Decadas da Asia）；当他们投身于史诗创作时，唱出了东方的《卢西塔尼亚人之歌》（Lusiadas）。[③]

---

① 参见《全球化与哲学：关于水晶宫的阅读札记》（Manola Antonioli. «Globalisation et philosophie. Notes sur le palais de cristal», note de lecture. *Horizons philosophiques*, n° 17 – 2, printemps 2007, p. 123）。

② 约翰神父王国是西方人认为在东方存在的一个基督教国家，并被认为位于埃塞俄比亚，为此，15 世纪时葡萄牙传教士曾到达埃塞俄比亚以寻找这一王国。——译者注

③ 参见《巴比伦的死亡、亚历山大大帝和东穆斯林的伊比利亚帝国》（Vincent Barletta, *Death in Babylon, Alexander the Great and Iberian Empire in the Muslim Orient*, Chicago, The University of Chicago Press, 2010）。（《卢西塔尼亚人之歌》是葡萄牙诗人路易斯·德·卡蒙斯历时三十年所作的史诗，于 1572 年出版，是葡萄牙文学史上最优秀和最重要的作品，歌颂了葡萄牙人的海上发现之旅。——译者注）

随着哥伦布横跨大西洋，地平线开始翻转。卡斯蒂利亚人不能满足于炸毁海格力斯之柱①，他们还花了数十年的时间认识和征服了另一个被赐名为"新世界"（Orbis novus）的半球。从此，"西方"不再只是空间意义上的方位——难以接近的日落之处，它还被具象化和人形化，迷惑或危害着土地、河流、森林和新兴的人文学科。17世纪的墨西哥文学体现了这一转变。在胡安娜·伊内斯·德·拉·克鲁兹修女（Juana Inés de la Cruz, 1651–1695）的诗歌《神圣的水仙》（*Divin Narcisse*, 1689）中，"西方"的形象是一个头戴皇冠的印第安人，在他身边，一个印第安女人代表着美洲。② 美洲西部，从一望无垠的平原到加利福尼亚，欧洲人日益增长的贪婪和欲望不会停止，征服者、传教士、冒险家、海盗、官员、工匠甚至艺术家们，悉数登陆"西方"。其中一些人是为了发现并征服新的土地；另一些人，更加直白地说，是为了获得一种生存手段。有些人靠艺术谋生：像画家西蒙·佩雷恩斯（Simon Pereyns, 1530–1600）③、作家马特奥·阿莱曼（Mateo Alemán, 1547–1614）④ 或者音乐家加斯帕·费尔南德斯（Gaspar Fernandes, 1565–1629）⑤，都离开了旧世界来到新世界。并非所有人都能获得必不可少的通行证：伟大的塞万提斯不得不放弃向大西洋彼岸施展他的才华⑥。

"西方"在众议纷纷之中进入了欧洲历史。在最坏的情况下，巴托洛梅·德·拉斯卡萨斯在著名的《西印度毁灭述略》（*La Très*

---

① 传说位于直布罗陀海峡南北两侧，此指西班牙和北非之间的障碍。——译者注
② 参见《拉丁美洲音乐的起源》（Carmen Bernand, *Genèse des musiques d'Amérique latine*, Paris, Fayard, 2013. p. 272）。
③ 16世纪弗拉芒画家，先是在葡萄牙绘画，后来去了墨西哥直至去世。——译者注
④ 16世纪西班牙作家，后来搬至墨西哥。——译者注
⑤ 16世纪音乐家，出生于葡萄牙，后移民墨西哥。——译者注
⑥ 塞万提斯曾向西班牙国王请求到西印度群岛供职，未获准。——译者注

Brève Relation de la destruction des Indes，1542）① 中谴责了这种空间的摧毁和掠夺。该书早在圣塞巴德的大作之前②，第一次质疑了欧洲能够达到的残酷程度以及用文字表达这种残酷的能力。"西方"充其量只是一片救助的土地，是宗教希望的中心，甚至是弥赛亚和千禧年期望的温床。墨西哥的方济各会传教士主动承担起第十一小时③的桃园工人的责任，他们的目的是结束对世界的基督教化，并为弥赛亚的早日返回做好准备。"西方"也很早就出现了一个有利于实现文艺复兴乌托邦的大工地：主教瓦斯科·德·基罗加（Vasco de Quiroga）从托马斯·莫尔（Thomas More，1478 – 1535）④ 那里汲取灵感，创建了至今仍被视作典范的土著社区，这似乎是治疗西班牙蹂躏后遗症的最好解药。在秘鲁，多米尼加人弗朗西斯科·德·拉·克鲁兹（Francisco de la Cruz，约 1529 – 1578）跨越了将乌托邦与异端分开的步骤：这位前圣马科斯大学校长于 1578 年在利马的土地上被宗教裁判所处死，因为他宣布将罗马教会转移到西印度群岛。不久，17 世纪初，新英格兰的清教徒想建立一个新的耶路撒冷，这样就可以把他们的殖民地看作一个新的巴勒斯坦，以排挤当地土著。

两个世纪后，从阿根廷到美国，19 世纪的美洲吸引了旧世界的饥民，那些被工业革命遗弃的人们。德国导演埃德加·赖茨（Edgar Reitz）在电影《精神家园：梦的纪事》（*Heimat，chronique d'en rêve*，2013）中提醒着没有准备好迎战海洋和热带的人们，离开和断裂的

① 又译《西印度灭亡简史》，于 1542 年写成，当时，中南美洲、加勒比地区已被西班牙帝国所占，当地土著饱受虐害，作者撰写此书并呈递给西班牙国王以揭露西班牙殖民者的残虐行为。参见孙家堃译《西印度毁灭述略》，商务印书馆 2007 年版。——译者注

② 参见《论毁灭作为自然史的要素》（W. G. Sebald, *De la destruction comme élément d'une histoire naturelle*，Arles，Actes Sud，2004）。

③ 源于《圣经》，意为"最后时刻、关键时刻"。——译者注

④ 英格兰政治家、社会哲学家和空想社会主义者，1516 年写成的《乌托邦》一书对后来的社会主义思想发展影响很大。——译者注

创伤意味着什么。那时候，洪斯吕克山上（莱茵兰—普法尔茨州）的德国人纷纷移民至巴西南部，这些蜂拥而至的西方人策划了"西方"，也就是美洲部分地区的移民和发展。最后，从 16 世纪到 19 世纪，奴隶贸易使数百万非洲人身陷骇人听闻的境地，并向"西方"继续发展。从拉普拉塔河的里约到新阿姆斯特丹（纽约），从雷西腓（巴西）到卡塔赫纳（哥伦比亚）和阿卡普尔科（墨西哥）的"穷沙滩"，幸存者四处可见。[①]

转向"西方"不仅仅是航海和探索的问题，它是欧洲在塑造人类、物质和想象维度等方面的根源，解释了自 15 世纪末以来欧洲历史与欧洲人在伊比利亚美洲的记忆之间不可磨灭的联系：包括大规模利用黑人奴隶制（以及葡萄牙美洲的印第安人）建立起的大西洋之间的联系，众所周知造成严重后果的早期殖民公司的成立，矿产财富的开采，各种形式的掠夺以及在世界其他地区史无前例的混血人种的诞生。

很显然，葡萄牙人所造访过的"东方"，只是占据了微不足道的小面积地区，在欧洲建设中扮演着截然不同的角色。尽管调动了物质和精神力量以及想象力（例如后来东方主义的发展），但是"东方"从未变成一个新生的欧洲，也没有变成一个欧洲的复制空间。相反，新西班牙、新卡斯蒂利亚、新英格兰、新法兰西，甚至新卢西塔尼亚（巴西东北部），美洲殖民地大陆的一连串命名都遵循了这一原则。与此同时，欧洲正在学习如何在东西方之间找到自己的位置，铸就多重身份和主宰地位。欧洲不再是托勒密笔下世界的最西端，它以残酷面目确立了在全球的地位，并发展出了一种越来越自我的欧洲中心主义，而这一切只有在全球大背景之中才能理解。

---

① 参见《鹰与龙》（Serge Gruzinski, 2012, p. 405）。

移动中的世界

　　新世界的存在形成了一条巨大的带状区域，从地球的一端延伸到另一端，阻断了欧洲进入中国的通道，人们当时以为西进路线比东进路线更容易到达东方。麦哲伦接受了挑战（1519—1522 年），探险队从南部绕过了大陆障碍，幸存者在返回欧洲时证明了环球之旅的可能性。欧洲人的行动不再被西边的可怕洋流或者南边被认为无法通行的热带雨林所阻挡。从此，可航行的空间从一端穿越到另一端，从一个方向到另一个方向，即使是跨越浩瀚的太平洋——自从迪亚士（Dias，1487 年）实现从东到西的跨越40 年后，西班牙巴斯克人安德烈斯·德·乌达内塔（Andrés de Urdaneta）发现了回路，可以返回到美洲海岸（1525 年）。伊比利亚人的扩张首先是海洋性的：水元素在地球的各个方向上开辟道路。因此，第一次环游世界是在水上进行的：葡萄牙人来到中国，西班牙人在秘鲁登陆。欧洲人具备了前人所缺乏的移动性，并将不懈地利用这一优势。当人们跨越大西洋时，距离变成了时间问题。这种前所未有的行动力关系到人类、投入的金钱和手段，也关系到从一个大陆传入另一个大陆的物种、信仰和思想。

　　因此，这还是一个心灵状态的问题。进入世界其他地方需要严格的纪律：不断前进、保持各种动机[1]、押注未来、固执地在其他地方和未知中寻找自己。这一切都是为了阻止回溯到过去，就像科尔

---

　　① 参见《世界的四个部分：全球化历史》及《葡萄牙帝国，1415—1800：移动中的世界》（ Serge Gruzinski, *Les Quatre Parties du monde. Histoire d'une mondialisation*, Paris, La Martinière, 2004；A. J. R. Russell-Wood, *The Portuguese Empire*, 1415 – 1808：*A World on the Move*, Baltimore, Johns, Hopkins University Press, 1998 ）。

特斯在墨西哥海岸烧毁船只时的做法。这些计划在征服者和政治家头脑中交织在一起——把墨西哥并入查理五世帝国，穿越太平洋时顺手拿走了摩鹿加群岛，还支持对秘鲁的新征服。王室从远处默默观察着这一切，心存戒心，然后不惜代价地再次将财力和人力投入到亚洲探险中。

但有时这一机制也会卡壳。伊比利亚人企图对中国进行的两次征服都以失败告终，其他欧洲竞争对手在很长一段时间内也没能在中国得手。失败只会增加欧洲学者对天朝帝国的重视，激发传教士的热情，甘愿冒着生命危险追求灵魂的救赎。

冒险和僭越

任何冒险都有风险。这正是欧洲现代性的代价。碰运气的心态推动着哥伦布、科尔特斯、皮萨罗这些无名之辈到达大洋彼岸，继而进入伊比利亚的宫廷。失败的人葬身海底，名字不为人所知，很快便被遗忘。与征服世界一样，商界也学会了在时间和空间中穿梭，欧洲商人在对未来的不确定和热切期盼中，把行动范围扩展到全球。当人们不知道将在哪里着陆，通过什么道路、以何种方式、何种代价安全返回时，行动的风险是巨大的。这些不确定性有时会导致滑稽的状况：一支被派往大西洋沿岸的西班牙探险队，将香料运回加利西亚海岸的拉科鲁尼亚（西班牙），一并带回的还有一批奴隶。但在他们抵达之前就谣言四起：船上装满了丁香，是欲望之物。这一误解尽管出现在字面意义上①，却说明了那个时代人们的心态——不

---

① 西班牙语中，奴隶（esclavos）与丁香（cravos）相近。——译者注

顾一切的投机和投资者的狂热。①

科学和军事的进步直接依赖于这些海洋行动，这些都是投资的回报。16 世纪的伊比利亚人冒着极大风险开启了不被看好的越洋航行，因此科尔特斯和他的船员必须保证行动的营利性，这是他们的事业之源。墨西哥的意外征服，成为唯一有可能累积收益并使损失最小化的结果。反之亦然，科学信息和占领疆域为各种买卖铺平了道路。这种联系出现在西印度编年史家冈萨罗·费尔南德斯·德·奥维耶多（Gonzalo Fernández de Oviedo, 1478 – 1557）② 在与威尼斯人的通信中。他们之间的知识交流并不妨碍西班牙人为他们的商业运作建言献策。③当然，在加勒比地区所收集的知识中，很重要的一条是要建立与威尼斯的信任关系。

于是，那些通过远程投注来发财致富并期望来日便能带来无限新资源的国家和企业，与全球的利害息息相关。这个赌注始于葡萄牙在 15 世纪探索非洲沿海的政策：这些探险一直是金融公司吸引投资者的具体方案。"近代以来的重大事件并不是地球围着太阳转，而是金钱绕着地球转。"④

在这一不可阻挡的前进背后（体现了查理五世登峰造极的座右铭⑤），在这一极具风险的行动背后，潜藏着欧洲现代最具破坏性的冲动之一：僭越。与此同时，1517 年的伊比利亚人正准备把鱼钩抛进世界的两个地方：阿兹特克人的墨西哥和中国南方，但是他们的

---

① 参见《西印度历史和墨西哥的征服》（Francisco Lopez de Gomara, *Historia de las Indias y conquista de México*, Saragosse. 1552, fol. XXVᵉ）。

② 西班牙历史学家，著有《西印度通史和自然史》（1851）。——译者注

③ 参见《新印度人的性质：从哥伦布到奥维耶多》（Antonello Gerbi, *La naturaleza de las Indias nuevas. De Cristobal Colon a Gonzalo Fernandez de Oviedo*, Mexico. FCE, 1975, pp. 199 – 202）。

④ 参见《环球》（Peter Sloterdijk, *Esferas*, 2003, p. 742）。

⑤ "Plus Ultra", 意思是"超越极限"。——译者注

诱饵对这些悠久历史的文明和千百万的国民没有任何作用。超过四分之一世纪以前，支持者们——葡萄牙国王、卡斯蒂利亚国王——曾要求教皇赐予他们权力，把世界瓜分成两个相等的半球。将地球转变为伊比利亚人的空间，这种意愿开始走向过度和僭越；当远程干预成为常规并引发影响全球最偏远角落的动荡时，就变成了现实：印加人和阿兹特克人统治的崩溃给新的世界带去了流行病、加勒比海的破坏性灭亡、威尼斯人香料贸易的没落、葡萄牙人向印度洋和东南亚的涌入以及跨大西洋贸易的实施。

这些骚乱没有全部转变为西班牙人或者葡萄牙人的优势：在中国，伊比利亚人的僭越被明朝政权所击退，托梅·皮莱斯（Tomé Pires，1465－约1524）的中国使馆被摧毁，里斯本的商人不得不放弃对这个帝国的控制，转为盘踞澳门。几个世纪以来，这样的僭越一直为欧洲人的进步保驾护航。

对世界的侵占

对地球空间的逐步投资颠覆了与知识的关系。从古代和中世纪继承下来并在大学中持续的知识分子传统，不断与来自各方面的信息相抵触。昔日的证据不复存在，强硬的主张变得不合时宜："曾有人说，海洋……既没有起点也没有终点。"[1] 编年史学家弗朗西斯科·洛佩兹·德·戈马拉（Francisco López de Gómara，1510－1566）认为，在周游世界时，15 世纪的"维多利亚"号将"神圣古代"的

---

[1] 参见《新西班牙历史》［Bernardino de Sahugun, *Historia general de las cosas de Nueva Espana*, Mexico, Porrua, Vol. IV, p. IV（prologue du t. XII），1582］。

无知表现得淋漓尽致。① 来自遥远世界的反复行为、常规经验与书本和理论知识开始相竞争。对于欧洲人来说，地球作为一个整体，很早就成了一个知识容器，被定位、被盘点、被校准、被储存，就像一个资源的矿藏一样，被无耻地开采利用。在地理大发现和殖民过程中所积累的知识被系统地变成了政治、宗教和经济统治的工具。

尽管赌注巨大，世界的欧洲代表获得了前所未有的势力范围。他们不仅在地球上或者世界地图上发明了世界形象，而且把这种形象变为独家形象，输出给其他地区。这是欧洲的力量第一次同时在世界各地展示。生于纽伦堡逝于里斯本的马丁·倍海姆（Martin Behaim，1459－1507）② 制作了世界上第一个地球仪（1491/1493），这一发明与同时代在教皇亚历山大六世的谕旨（Inter caetera，1493）和《托尔德西里亚斯条约》（Le traité de Tordesillas，1494）授权下对世界的瓜分，以及克里斯托弗·哥伦布的第一次航行，难道都是巧合吗？在艺术史上，意大利在透视技法上的傲立群雄也不是孤立的历史片段。这一绘画革命为整个16世纪欧洲舆地学者力求用三维方法呈现地球的方式提供了技术。每一次，新的技术改变了欧洲人与世界的关系，产生了新的更有说服力的表现形式。

这幅地球成像则更进一步，成为一个服务于侵占的投机和程序工具：在全球范围内或世界地图之上，哪些是被发现的，哪里是已征服的，哪里是"价廉物美的"，人们可以一目了然，以便采取进一步的措施。说白了，这些图像的绘制是为了记录和观瞻欧洲人的进步。

这一世界图像随着探险和发现的进程，随着物种和新知识的积

---

① 参见《西印度历史》（Francisco López de Gómara, Historia general de las Indias, Saragosse, 1552, chap. VI）。

② 德国天文学家、地理学家，服务于葡萄牙国王，设计制作了世界上现存最早的地球仪。——译者注

累而变化和丰富。地图的绘制随着发明、修正和忏悔而进步，于是海岸线不断延长和移动。然而，欧洲形象的胜利，不仅仅是地理学家的事情，同时代表了欧洲学术视域的全面性和垄断性，是欧洲现代性的基本体现。正如彼得·斯劳特戴克借用了海德格尔（Martin Heidegger，1889－1976）的名言指出的那样："现代性的本质是作为一个构想的形象征服世界。"①

这种由制图师、航海家和征服者们合作而产生的对世界整体的感知方式取得了巨大成功，如今全人类都在这种"构想形象"的方式下感知和想象着地球。除了政治、宗教或哲学上的分歧，这种形象的绘制理所当然地采用了文艺复兴的制图发明（一直到地图集的概念），因为它通过旧世界的历史主义解读自己的过去。在伊比利亚人之后，欧洲人成为衡量一切的标准。

本地的出现

生活空间的概念在 16 世纪逐渐发生了变化。15 世纪，皮埃尔·德·鲁贝离开了他的封地佛兰德斯（Flanders），前往遥远的圣地耶路撒冷，最终又回到了家乡。朝圣的过程不过是一个来回的旅程，当然会意外或过早地开始或结束。但如今，随着西方的开放和环球航行，全方位的移动性已经变成了一种常规的行为，在不知不觉中改变了欧洲人与他们势力范围之间的关系。反过来，海岸线的剧增和与全球在物理上的无限广度，凭空创造了一个本地的空间。人们生长的这片土地——伊比利亚人的家园——那里有他们的根，他们的家，他们的遗产和习惯，他们应该在这里生，在这里死，永世不

① 参见《环球》（Peter Sloterdijk, *Esferas*, 2003, p. 781）。

变。正如安特卫普画家西蒙·佩雷恩斯，他没有回到埃斯考特河畔，而是去了墨西哥——一个没有基督教历史的西印度群岛城市，与父母的中世纪想象失去了共鸣，墨西哥成为佩雷恩斯的第二故乡，他生活在这里直至去世。

从此以后，地球上的任何一个地方都被认为在物理上是可以接近的，无论是已知的还是正在认知中的——这些地图总是喜欢标示出仍被欧洲人忽略的地区，欧洲制图业的兴起与此有很大关联。随着越来越多的新大陆被发现，欧洲的地名也随之落户当地，于是，新的空间在欧洲人眼里没什么差别。[1] 随着这种命名不断出现在地球表面，所有地方都处在同一徽号之下。每个无名的地方开始被命名，开始被占据，从属于另一个范畴或者另一个大陆。因此，任何一个地方都可以被识别和分类，成为一个和这个星球上其他地方一样的地区——至少在欧洲人的地图上和欧洲人的心目中是这样的。16 世纪造访中国的葡萄牙人经历却相反，他们获知天朝从未听说过葡萄牙，甚至完全不在帝国传统的认知中——更糟糕的是，也不在中国人的地图上。[2]

如今，伴随着环游地球成为可能，任何地方都可以充当中继地、接力站：一个想要途经墨西哥去亚洲的西班牙人，从塞利维亚到马尼拉是必经之路。马尼拉，不只是商船的目的地，还是无数的十字路口之一。正如皮埃尔·肖努所述："马尼拉的商船……是一根非常重要的线，尽管难以测量还打了一个紧实的结，但错综复杂的关系和交流中心就在马尼拉。商业战略并没有在阿卡普尔科（墨西哥）的贫困海滩裹足不前，还捎带了马尼拉、墨西哥城、澳门、印度群

---

① 参见《十二地图中的世界历史》（Jerry Brotton, *A History of the World in Twelve Maps*, Londres, Penguin Books, 2012, pp. 146 – 259）。

② 参见《鹰与龙》（Serge Gruzinski, 2012, p. 191）。

岛和欧洲的大西洋沿岸。"①

　　地方利益不一定与殖民政策相吻合，早在 16 世纪，我们就可以看到这一情况。一些区域战略可能导致殖民国不满②或者一时无法应对。马尼拉的精英们做梦都想发动对中国的战争，而这与马德里方面没有任何关系；果阿（印度）的葡萄牙人对亚洲的看法与里斯本不同，澳门的葡萄牙人也是，都希望摆脱里斯本的控制。墨西哥的克里奥人③罗德里戈·德比维罗（Rodrigo de Vivero，1564－1636）计划在新西班牙和日本之间进行交易，与伊比利亚半岛的利益背道而驰；秘鲁利马的精英还将拉美"银都"波托西（Potosí）生产的大部分白银秘密运往中国。17 世纪初，马丁内斯以墨西哥为起点构思并撰写了他的世界史（《时代汇编》），他不愿意从自己的出生地汉堡写起，也没有选择西班牙。在以上情况中，地球的视野都是从某一具体地点中被感知和思考的，在这些地方形成的世界观往往与殖民国所传播的观点截然不同。

　　在西班牙语中，"本地"来自"故乡"（patria），"全球"来自"世界"（mundo）。这两个概念同时使用，定义了一种新的条件，在这种条件下，世界的经验不必再从欧洲中心启程前去遥远的或者难以进入的别处（un ailleurs）。

　　然而，这段历史不是童话故事，我们不可能在谈论"本地"时闭口不谈种族灭绝和文化毁灭的凶残暴力。非洲奴隶颠沛流离，从一个地方被带到另一个地方，失去了与非洲的联系——随着时间推

---

① 参见《鹰与龙》（Serge Gruzinski，2012，pp. 360 et 405）及《伊比利亚人的太平洋（16、17、18 世纪）》［Pierre Chaunu, *Le Pacifique des Ibériques*（*XVIe*，*XVIIe*，*XVIIIe siècles*）. *Introduction méthodologique et indice d'activité*, Parts, SEVPEN, 1960, p. 16］。

② 参见《鹰与龙》（Serge Gruzinski，2012，p. 379）。

③ 克里奥人在 16—18 世纪时本来是指出生于美洲而双亲是西班牙或者葡萄牙人的白种人，以区别于生于西班牙而迁往美洲的移民。——译者注

移，如果幸存下来，就不得不在另一个地方重建一个信仰、宗教和惯俗体系。"本地"的出现增加了未能预见和不可预知的可能，甚至是悲剧的结果，这些风险横贯于人们的生活中，欧洲人和非欧洲人都是如此。

恐惧接触

各个大陆之间屏障的消除从过去到现在仍然令人不安。长久以来，海洋世界的态势令人担忧。我们怎么能相信这些将所有力量置于水上的葡萄牙人？他们与哪些未知民族进行了哪些特别的接触？他们的历史叙事和宏图大志里有几分真实性？面对上文所说的改变和转向，欧洲的抵触是多方面的。[1] 这种抗拒不仅导致了身份的孤立，还激起了对祖先土地、古老传统和信仰的畏惧和恐慌。欧洲北部仍未接受这样的事实：第一轮欧洲全球化的先行者居然是法国南部人、伊比利亚人和意大利人。

"伟大的发现"这一措辞充分说明了欧洲人对上述诸多问题的回避和敷衍。对葡萄牙历史的无知和黑色传奇的长期影响，极大地推动了这段过去。另外，海洋世界相对于内陆世界的主导地位也会令人不安。很明显，现代的强大帝国都是沿海国家，无论西班牙人、葡萄牙人、荷兰人或者英国人，直到 20 世纪初，欧洲人全球化的目标仍然在海上或者航道沿岸。通过跨越大西洋的壮举，欧洲人移民到了新大陆，而非洲奴隶被交易船只运向美洲。由于太平洋这条"高速公路"，美洲的部分白银倾入了中国国库。大海可以解释流动的激增和流通的推进，尽管是以牺牲根深蒂固的传统形式为代价。

---

[1] 参见《环球》（Peter Sloterdijk, *Esferas*, 2003, p. 734）。

欧洲各国更喜欢玩弄他们的身份、他们的现代性以及领土逐渐增加的历史，却不愿意流露出对其境外暴行的同情心。

因此，选择全球性的视角，意味着不再把文艺复兴时期的意大利作为现代性的绝对参照物，并且接受麦哲伦革命与哥白尼革命同等重要的观点。欧洲的现代性正在全球范围内上演，也就等于承认了在伊比利亚人之后所产生的数千页历史与他们的旅行文学无关，从现代性的角度来看，仿佛是扰乱了人们的精神习惯和学术常规。[①]

打开欧洲历史的大门

发现中世纪欧洲以外其他世界的过程，联合了当地的实际经验和投入全球规模探险行动的物质要求。这一发现所引发的移动，随着海浪的汹涌澎湃表现出时空的质变。这已经足以解除领土枷锁和根除国家分裂，确立欧洲历史的轴心，并且这一历史不断转向外部，尽可能广泛地传播与分享。

于是，一些建筑工地就浮现在脑海中。欧洲和地中海空间的全球化解释了为什么以及在什么情况下，艺术史、法制史、思想史、科技史不再只属于欧洲，而是同样在其他大陆生根发芽；也阐释了为什么历史的船舰穿越了大西洋、太平洋和印度洋，然后在果阿、萨尔瓦多或者澳门、长崎登陆。但是，人们在困惑的同时仅仅看到了简单的扩容或输出的操作。这不只是一个规模的问题。当弗拉芒和西班牙画家开始在美洲作画时，他们不但证明了人们可以在距离安达卢西亚、佛兰德斯或意大利数千公里的地方进行创作，还将自

---

① 例如，著名的文艺复兴历史学家就是这种情况。参见《历史是什么？早期现代欧洲的历史艺术》（Anthony Grafton, *What Was History? The Art of History in Early Modern Europe*, Cambridge, Cambridge University Press, 2006）。

己的殖民空间变成了一个"西方空间":在旧世界以外,欧洲的风格
和样式被精心复制着:一些矫饰主义(maniérisme)的作品开始出现
在日本列岛或安第斯山脉,安特卫普的画家在墨西哥土地上绘出了
弗拉芒的风格。长时间以来,西欧的艺术家及其风格从一个国家流
传到另一个国家,在拜占庭和罗马记忆所统治的共同历史背景之下,
嫁接到了当地的美学之上——16 世纪塞维利亚绘画受到意大利的影
响便是如此。这种地理因素在 16 世纪就表现出来了,只是艺术史家
迟迟没有注意到。① 马丁·德·沃斯(Martín de Vos, 1532 - 1603)
风格②在秘鲁和墨西哥的盛行,如同宗教革命在佛兰德斯或在法国的
胜利。他们艺术的当代性不亚于威尼斯画家们的成就或墨西哥的印
第安人画家特拉奎洛斯(Tlacuilos)的作品。当代艺术,一个如此熟
悉的表达,在当时就已经具有了我们今天赋予它的意义。

　　一个过程开始于远方,最终产生的不是"欧洲"而是"西方":
艺术创作如此,文学、哲学、科学或基督教的创作亦是如此。此处
不再赘述③,仅简要地指出两点:欧洲以外出现了起源于欧洲的精神
和实践工具并在地球上逐渐扩散。我们为什么要不惜一切代价去界
定"西方"所涵盖的内容?因为对这一概念的分析,迫使我们不得
不考虑伊比利亚的扩张给成千上万平方公里土地带来的影响,而这
一过程中又提出了其他的问题:输出到远方的那个欧洲到底是什么
样的?如何输出的?以怎样的代价和条件输出的?对这些问题的探
索最终可能将开启在旧大陆上姗姗来迟的欧洲历史。

---

① 在一些著作中也有若干特例,参见 Jonathan Brown 或 Thomas Dacosta Kaufmann《朝向艺术地理学》(*Toward a Geography of Art*, Chicago, University of Chicago Press, 2004)。
② 弗拉芒画家,去意大利工作并采用了当时流行的风格主义(也称矫饰主义)。——译者注
③ 参见《世界的四个部分:一段全球化的历史》(Serge Gruzinski, 2004)。

即使在今天，西方世界的边界仍是一个争论不休的问题。在包括塞缪尔·亨廷顿（Samuel Huntington，1927－2008）[1] 在内的许多观察者看来，西方世界不包括拉丁美洲，只限于北方新大陆、法国和盎格鲁－撒克逊地区。维基百科证实："21 世纪初，人们普遍认为，严格意义上的西方包括欧洲、加拿大、美国、澳大利亚和新西兰。"不过，维基在线百科认为有必要补充说："根据这些观念，有时会把拉丁美洲列入其中。"[2] 科尔特斯、胡安娜修女和奥克塔维奥·帕斯（Octavio Paz，1914－1998）[3] 的新西班牙随着 20 世纪的到来消失了，回归 16 世纪或许可以扫除这些不确定的无稽之谈。这些讲着欧洲语言、举行着罗马天主教仪式的地区，自 16 世纪以来，在思想、艺术、法律、政治和经济等各个方面不断与旧世界互动。不言而喻，仔细端详美洲的多面镜便可以重新审视欧洲的历史。

这样我们更容易理解，为什么惯用的术语"投射（输出）"（projection）和"扩张"（expansion）长期以来加强了欧洲单方面的主张。随着欧洲工具行动范围的扩大和"西方"的产生，很多工具也正在随着在征服中所遇到的社会而改变。与新的宗教、政治、地理的巨大空间正面交锋，无人能够全身而退。欧洲工具对其发展的新条件也做出了反应。人文主义者胡安·德·巴洛斯（João de Barros，1496－1570）在编写葡萄牙语语法书[4]时，解释了葡萄牙语是如何成为一个超越王国边界的普遍工具，向非洲、亚洲基督信徒们传道。卡斯蒂利亚的拉丁语语法家安东尼奥·德·内布里哈（Antonio

① 哈佛大学美洲政治学教授，代表作《文明的冲突》（1996）。——译者注

② 参见《西方，即欧洲＋北美》（Sylvain Allemand, René-Éric Dagorn et Olivier Vilaça, «L'Occident, c'est l'Europe + l'Amérique du Nord», *La Géographie contemporaine*, Paris. Le Cavalier bleu, «Idées reçues», n° 102, 2005, pp. 67－71）。

③ 墨西哥诗人，1990 年获得诺贝尔文学奖。——译者注

④ 参见《葡萄牙语法》（João de Barros, *Grammatica da lingua portugeuesa*, Lisbonne, 1540）。

de Nebrija, 1441 – 1522）也指出，语言的确是为帝国服务的武器，但胡安·德·巴洛斯的帝国既不是古老的遗迹也不是纯粹的制度框架，而是一种海洋霸权的表现，注定要向世界延伸。

欧洲以外的欧洲

坚持或回到欧洲视角，意味着重蹈覆辙，即落入那些创办《后殖民研究》（*Postcolonial Studies*）的美洲大学知识分子固执谴责的老套路里。事实上，欧洲中心主义不过是一种执念，如果欧洲能够轻易摆脱的话，我们谴责欧洲人的幽闭恐惧症、地方主义或沙文主义有什么意义？如果是为了将其他地区转变成一个显示在地图上被人为划分的、方方正正的空间并且由旧世界人民投资的话，鼓吹对外开放又有什么意义？仅仅把旧世界与新世界相提并论，为了走出以欧洲为标准的历史而唤起"前哥伦布时期的欧洲"是远远不够的。全球化和现代化并不是伊比利亚人及其英国、荷兰或法国继任者的专利。欧洲人的观点牺牲了世界其他地方，使其远离历史舞台，束之高阁。与欧洲人打交道的社会不计其数，都变成了你死我活的竞争对手、受害者或合作伙伴、对话者和各种附敌分子。这些社会的干预不仅促进或阻碍了欧洲的扩张，而且不断把这一过程塑造成了全球事务。几乎在所有地方，欧洲人都赋予了自己克隆欧洲各个方面人权利；但同时也不得不依赖其他社会、其他记忆、其他政治和经济体系，因为这些存在并不会在欧洲船队的到来时魔术般消失。[①]因此，欧洲也是在这些相遇和冲突之中诞生的。

---

① 关于全球视野中的后启蒙时代，参见文章《全球史上的启蒙：史学批评》（Sébastian Conrad, "Enlightenment in Global Hisiory: A Historiographical Critique", *The American Historical Review*, Vol. 117, n° 4, octobre 2012, pp. 999 – 1027）。

第七章　交杂的世界

除了离开这里去西印度群岛的西班牙人和父母是西班牙人的克里奥人之外，还有大量混血儿——他们是西班牙和西印度人的后代，而且人数每天都在增加。

——胡安·洛佩兹·德·维拉斯科（Juan López de Velasco，1530－1598）[1]：《西印度群岛概述》（Descritption des Indes occidentales，1574）

为什么要关注伊比利亚时代？因为要理解我们现在所生活的这个交杂（métissage）的世界，必须换一个范畴和时代。从16世纪开始，来自欧、非、美、亚四大洲的人们初次邂逅、相互抵触和交错杂居在一起，随之混杂的是有意识或无意识所携带的事物、思想、信仰、梦想，而后，伟大的全球交杂便拉开了帷幕。当然这并不是最早的交杂。但是人们以交杂乃人类进化的过程为借口，将这一现象排除在历史领域之外，是在淡化或忽视其历史的特殊性。开始于16世纪的混血繁殖，其影响要比我们今天所知道的多得多：一方

---

① 16世纪后期，维拉斯科制作了一张主地图和十二张辅助地图，描绘了世界各地的西班牙帝国，通过这一壮举，其他国家得以更好地组织和呈现地理信息。——译者注

面，不同人种之间的通婚在美洲、非洲、印度和中国、日本沿岸甚至遥远的摩鹿加群岛同步发生，反复出现并在各种空间不断扩散；另一方面，混血人种的产生回应了伊比利亚船队造成的各种冲击，形成了我们现在所看到的欧洲和西方。

第一次欧洲的全球化

人口的交杂并不是一种自发的现象，实则与许多变化有关，这些变化颠覆了西欧与其他国家之间的关系。拉丁人的基督教社会不再停留在发达的大陆半岛上——当时那里还不是我们的欧洲——而是开始了一场在全球范围内的扩张。具体来说，葡萄牙在非洲、印度和中国登陆，而西班牙人到达了墨西哥的海滩和秘鲁的山脉；反过来，中国人、日本人、马来人、非洲人和美洲印第安人却只能登上伊比利亚船只前往欧洲，不管加文·孟席斯是否乐意看到这样的情形[1]。同样，正是这些欧洲人第一次组织了大规模的、跨洋的奴隶劳动力流动：从16世纪开始，非洲的奴隶贸易不再只有欧洲一条路径，还走向了新世界和亚洲。

欧洲人有史以来第一次面对来自印第安美洲、南亚、非洲甚至大洋洲等各种伟大文明和宗教，忙于和阿兹特克帝国的臣民、明朝使臣或刚果君主们进行斗争。这就意味着，他们必须在创纪录的时间内，决定与所有其他世界的关系。他们需要发明和制定与这些社会融合、排斥或者共存的政策，建立庞大的、多样的权力和信仰体系。各种各样的本领都被动员起来：伊比利亚人学会了搜集、基督

---

① 孟席斯撰有《1421：中国发现世界》《1434：中国点燃意大利文艺复兴之火？》《谁发现了美洲》，认为15世纪中国舰队来到欧洲，中国的文明点燃了欧洲文艺复兴的火花，成为西方今日文明的组成部分。见上文。——译者注

化、殖民、交易，或者说，为了更好地留下他们掠夺性的印记，当
地人必须找到应对的办法，了解入侵者，采取抵抗行动，通过联盟
来适应新状况。在实在无路可退的情况下，当地人只能使用暴力阻
止船只和欧洲武器的攻击。在波斯、印度或日本，一些人直接反击。
人们对这些历史认识不一：比起中国人仿造葡萄牙大炮以回击不速
之客的反应，人们了解更多的是北美印第安人学习驭马以组建他们
的防御系统。

　　所有这些都说明了全球化是如何在全球范围内开始的，并从一个
大陆蔓延到另一个大陆。在这个基础上建立起来的社会接触和相互
联系是无限复杂的。也许，美洲的情况最能谈明问题——五个世纪以
来，他们的命运欧洲息息相关。1492 年之前，美洲大陆与欧洲或世
界其他地区鲜有联系；1492 年以后，新世界年复一年，以社会、文
化和人口的真实灾难为代价，紧紧停靠在了西欧。若泽·萨拉马戈
（José Saramago）在小说《石筏》（Le Radeau de pierre，1990）中想象
了伊比利亚半岛与欧洲其他地区脱离，在大西洋周围航行。[1] 丰富的
文献资源允许我们在合理的、有安全性保障的前提下，密切追踪这
一进程的多样化表现，包括相反的过程。

沟通有否可能？

　　社会之间可以相互影响还是难以沟通？这是全球史提出的问题
之一。首先，任何特殊性都构成了一种现实，不能被翻译成另一种
语言或另一种语境。拿中国和墨西哥来说，西班牙人、墨西哥人、
葡萄牙人和中国人在初次相遇时，是用什么方法相互沟通的？接触

---

　　① 参见《石筏》（José Saramago，Le Radeau de pierre，Paris，Seuil，1990）。

的瞬间，实际上提供了一个机会来审视快速将世界连接在一起的桥梁，或者将世界分隔的障碍。系统的无障碍离我们尚远，难以沟通的老套说辞离我们更加遥远。有时出现在人类学家手稿中的"身份"和"他异性"措辞，已经进入了包括历史等其他领域，更不用说走在时尚前沿的媒体中。

实际上，无论在广州还是墨西哥湾，一切都足以让入侵者和当地人迷失方向。我们立刻吃惊地看到这一过程的轻而易举。葡萄牙人轻松地扮演了大使角色，然后克隆了亚洲海盗的生活方式。科尔特斯也很快学会了打入中美洲各民族之间迷宫般的联盟内部，他迅速获取当地盟友和对手信息的能力令人震惊。沟通的质量其实是一个个案问题，取决于个人、团队和驱动他们的意图。诚然，这些交流在全球仍然是"经验的、即兴的，并且永远需要修修补补"①。但是，每当欧洲人介入到一个战略领域中，收获都是相当可观的：对于科尔特斯来说是墨西哥地缘政治学意义上的收获，对于皮莱斯②来说是经济地理学上的成果。伊比利亚人善于找到合适的对话者，获得需要的信息，并且得到想要的结果。另一边的情况如何呢？广东的中国人开始猜测访客的来源——穆斯林还是佛教徒？他们花了几个月的时间观察这些人，然后有的官吏开始与之谈判。这些人给予当地官吏很多好处，让他们有机会深入帝国机要。

在墨西哥，当地人也在不遗余力地确定新来者的身份：新人们查阅档案，从事系统的间谍活动——蒙特祖玛皇帝经常被告知这些来客的活动，于是科尔特斯和蒙特祖玛进入了无休止的谈判，同时与当地官绅共谋，打算好好利用卡斯蒂利亚人的到来所带来的机遇。

---

① 参见《鹰与龙》（Serge Gruzinski, 2012, p. 230）。

② 《东方峰会》（Suma oriental）的作者和葡萄牙探险队的首领。

显然，政治和经济目标在最初的交流中占主导地位，很少关注对方的文化诠释。在这些事实里，无论是皮莱斯还是科尔特斯，他们所运用的腐败武器都具有绕过正式接触来推进任务的优势。有许多中国农民和渔民不顾官方的严令禁止，通过向过路的葡萄牙船队提供物资和妇女人来增加收入。他们的墨西哥同行亦奉行此道，但是这些极为重要的接触没有在档案中留下痕迹。这对大家来说是一个双赢的局面，继而在生活中对这种关系习以为常。

中国和墨西哥的情况是一出戏剧的两个原型，却覆盖了全球的大部分地区。① 一个世界与另一个世界的接触方式是多样的。但通常来说，结果却自相矛盾：沟通可能足够有效，但是无法防止甚至可能导致另一方的消亡：葡萄牙人的使命像古墨西哥的统治势力一样，被粗暴地抹去。即便出于化解冲突的目的去沟通和交流，也有可能造成误导，或显示出那种不可译的"他异性"。

欧洲的入侵

领土的殖民化、灵魂的基督化、自然财富的攫取、人口的灭绝和各种掠夺性的侵犯都立即浮现在人们脑海中，其他侵犯行为虽不太明显但仍有影响，我们也应一并视之。为了向美洲印第安人传播福音，西班牙传教士们不仅攻击当地的信仰和他们所谓的"偶像崇拜"，还区分开陋俗和新风，让当地的传统服从于道德理性。于是，传教士们试图通过规范个人性行为和制定夫妻生活，来控制男人和女人的身体。至于欧洲形象的传播，殖民者使出浑身解数调动着当地人想象力的发挥：他们在修道院墙壁上、从西班牙和佛兰德斯进

---

① 参见《鹰与龙》（Serge Gruzinski, 2012）。

口的画布上绘制大型壁画，树立雕塑，修葺建筑，举办各种教化性表演。① 对图像的研究为我们开辟了一种冠冕堂皇的途径，来衡量伊比利亚殖民所达到的程度及其令人惊讶的手段。正是通过图像，时间和空间、历史性、表征和自然等一些基本概念，渗透到了殖民地人民的思想中。伊比利亚当局和教会不能是通过图像来确保殖民社会的凝聚力，将他们团结在共同的崇拜组织周围；很快，当地土著也能通过掌握基督教图像，拥有了新的身份。分析伊比利亚控制下的美洲形象，是追溯这一地区全球史的先决条件，而不仅仅是作为对艺术史或传教史的补充。

殖民者们也表现出了与当地人改善关系的愿望。他们不是简单使用统一、强制的历法手段，还要让人们习惯于把自己当作是普遍历史的一部分，并且必须依循征服者的脚步。早在19世纪历史主义的胜利以前，欧洲时间和《圣经》历史是绝对的标准，在当时，光明的未来还没有取代最后的审判。

很多其他同样具有侵略性的影响也源于伊比利亚人的统治：向铁器和字母书写时代的过渡，新形式工作的灌输，欧洲风格的衣着款式，饮料和食品（葡萄酒、面包、糖）的传播，旧世界的舞蹈、音乐、节日也进入了美洲印第安社会。在这样一个殖民化的世界里，伊比利亚半岛和欧洲即便不是主导，也可以说是无处不在。这些强制和移植的行为参与了新世界的西方化。西方化同样关系到我们，在传播到更多地方之前，首先引起了大西洋彼岸的变化，还暴露了一个仍在起步阶段的欧洲的野心和力量。

---

① 参见《从哥伦布到〈银翼杀手〉（1492—2019）》[Serge Gruzinski, *La Guerre des images de Christophe Colomb à Blade Runner* (1492 – 2019), Paris, Fayard, 1990]《不可译读的图像：新西班牙的艺术混合史（1500—1600 年）》[Alessandra Russo. *L'Image intraduisible. Une histoire métisse des arts en Nouvelle-Espagne* (1500 – 1600), Paris. Les Presses du réel, 2013]。

西方化从来没有在干净的桌子上进行过。虽然许多土著社会在战争和疾病中毁灭，但是幸存者学会了应对殖民政权的政治、宗教和经济压迫。他们改变了信仰，重建了行政体系，调整了历法，重新诠释了西班牙人教给他们的音乐和舞蹈。在殖民地的人民看来，反倒是殖民当局作出了各种妥协，并批准了他们的持久存在。通过仿效（一旦仿效就会变形）、谈判、适应、诠释以及日常仪式、陋习野俗、口头语言、信仰和医疗等，架构起了交杂的空间。但这些交杂始终取决于它们产生的权力平衡，这意味着它们不稳定，而且没有基础。毕竟，一个人从一个世界走到另一个世界并不是按照一条笔直的、连续的线。

因此，交杂远非异域风情的偏差或仅仅是文化上的表象，交杂已经在潜移默化中影响到殖民地生活的大部分领域。生活方式、信仰方式，连感觉和说话方式都出现了意想不到的改变。因此产生了当地人的复杂性，往往不只是双重性，但一旦人们满足于谈论殖民化或从殖民国角度来推理，就会忽视这种复杂性。过去和现在一样，交杂是确保欧洲大陆和土著社会之间联系的主要途径之一。因此，只要假装与现在对话，以全球史的任何一个角度来看，交杂都占有一席之地。

伟大的混血经历突破了人类的历史。东方被亚历山大征服之后的希腊化、地中海地区的罗马化和高卢—罗马社会的形成，为我们所发现的新世界提供了范例。因此，人们一直以来坚持将法国的诞生追溯到高卢—罗马时代，相当于接受了一个交杂的过程和近两千年才实现的民族认同。回想一下，高卢—罗马世界——如同殖民时期的墨西哥一样——在军事征服中诞生，并因绝对依附于罗马帝国而茁壮成长。

这些特征可以在很多相同类型的历史探险中找到。在中世纪的十字军东征中，成千上万的北欧人、教士、士兵、流浪者或冒险家，向东方进发，与此同时，穆斯林西西里岛和穆斯林西班牙崛起，产生了在地中海世界和欧洲历史上举足轻重的各种交杂。在基督教以外，伊斯兰化从大西洋沿岸蔓延至中国和太平洋：所到之处，伊斯兰化成为交杂的代名词，并在一部分非洲、欧洲和亚洲地区留下了持久的印记，甚至包括伊比利亚半岛。13 世纪，中国的统治地域扩展到波兰边界，蒙古帝国促成了另一些交互和流通，从而加深了欧洲人对东方遥远国度的好奇心。①

在美洲，交杂的过程传播到了整个大陆。印第安人、伊比利亚和非洲裔人口融入了美洲殖民社会，不断产生了新的想象和不同于欧洲社会的问题，推动着我们去思考社会的杂糅、种族的混合、妇女和混血儿的角色、政治和信仰的影响以及各种适应和抵抗形式。若要长时期跟踪西方化的兴起，分析西方化在世界某一地区引发的交杂反应，那么应当优先从观察美洲开始。②

伊比利亚在新世界的印记同时产生了拉丁美洲。直到 19 世纪，想要深入黑非洲仍然艰难，另一方面，亚洲一直遏制着葡萄牙、荷兰或英国入侵所导致的交杂影响。自 16 世纪起，墨西哥和西班牙美洲形成的混血大熔炉，与几乎无法攻克的中国和与西方隔绝至 19 世纪的日本形成鲜明对比。美洲大陆上的情形也各有不同：西班牙美洲的印第安人自愿或不自愿地参与到臣服于马德里殖民社会的形成过程中，而被英国或荷兰人殖民的那些当地人很快就被无情地驱逐出了未来的美国历史。

---

① 参见《鞑靼人的启示：亚当·马什和罗杰·培根的末世论研究》（Davide Bigalli, *I Tartari e l'Apocalisse. Ricerche sull'escatologia in Adamo Marsh e Roger Bacon*, Florence, La Nuova Italia, 1891）。

② 参见《交杂的思想》（Serge Gruzinski, *La Pensée métisse*, Paris, Fayard, 1999）。

什么是梅蒂斯人？

从 16 世纪开始，美、亚、非和欧各大洲的社会不断接触，催生了同时属于几个世界的个人和群体。谁也没有预料到这些新的人口在殖民化空间中的存在或作用，往往命运多舛。殖民时期的墨西哥或巴西的历史充满了人生故事，这些故事讲述了梅蒂斯人（混血人种）的经历，也为我们带来了教诲和疑问。这些人经常被入侵者甚至原住民所排斥，因此很难在新的殖民社会中立足。一些梅蒂斯人与土著居民更加接近并得以融入，成为印第安人，而其他与殖民者关系更为密切的梅蒂斯人被欧洲和新殖民地精英所迷惑，忘记或否认了自己身体中原住民的部分。无论命运如何，在欧洲征服和殖民化过程中产生的各个社会阶层里，梅蒂斯人都发挥了中介作用：他们既是熟练工匠和商贩，也因为语言知识和深谙本地关系而为殖民者服务着——是征服者的翻译员、发言人或合作者。因此，这些混血人种促进了殖民力量在新大陆上的发展。但另外还有一些梅蒂斯人站在更具批判性的立场，捍卫着祖先的遗产，反对欧洲人。例如著名的混血历史学家加西拉索·德·拉·维加（Garcilaso de la Vega，1539 - 1616），他既是佛罗里达的历史学家，也是安第斯山脉的孩子。①

然而，不是所有梅蒂斯人都只是生理上的混血。传教士们和土著一起生活，学习当地的风俗，用当地语言传教，在不知不觉中远离了西班牙、葡萄牙或意大利的教会同僚。许多欧洲人因为接触殖民世界而改变，他们必须学会生存和适应这个世界。在美洲，他们

---

① 参见《一位柏拉图式印卡人：加西拉索·德·拉·维加（1539—1616）》［Carmen Bernand, *Un lnca platonicien. Garcilaso de la Vega*（1539 - 1616），Paris, Fayard, 2006］。

成为外来的印第安人——我们今天称之为"美洲化"。这些改变往往深入骨髓，包括饮食、适应热带气候、工作节奏、教育、身体接触、社交形式、禁忌和信仰。同样，许多当地人在没有与入侵者混同的情况下，也会受到伊比利亚人的影响，开始学习欧洲语言、仿效服饰、学习殖民者骑马和使用他们的武器。这些是另一种类型的梅蒂斯人，他们作为中间人，位于入侵者和殖民化尚未实现的社会之间，尽管通常不是出于自愿。

并非一切都会交杂

当地社会可以掀起抵抗运动，其中最有效和最彻底的方式是消灭入侵者。为了阻止企图进入帝国的葡萄牙人，中国政府建立起一道防线：他们在南方散布里斯本人举行吃人肉、喝人血仪式的恐怖言论，以切断欧洲人与中国沿海人民的联系。当然最好的方法还是用肉体惩罚的方式驱赶入侵者：16 世纪 20 年代的广东政府和 16 世纪末 17 世纪初的日本政府就有这样的做法，采取了严厉措施铲除前来的西班牙和葡萄牙人，很多传教士因此上了天堂。①

相反，在墨西哥，西班牙人的殖民势力强大，抵抗运动大多不能持久，受制于残酷的镇压。在秘鲁，一个独立的印第安王国从殖民和内战的混乱中脱颖而出，盘踞在安第斯山脉最深处②，但最终还是被剿灭了。

还有另一种障碍，限制、消除或削弱了伊比利亚对美洲西方化、殖民化却不是来自当地人的营地。我们之所以了解这些障碍，是因

---

① 指明朝屯门海战和丰田秀吉的"传教士追放令"、德川幕府的"禁教令"。——译者注
② 西班牙殖民者侵入南美洲，印加帝国灭亡，印加残余势力尤潘基（Titu Cusi Yupan-qui）等人继续抗击，1563 年成立了比尔卡班巴政权（Inca de Vilcabamba）。

为它们是另一种活跃的征服，另一种更为隐蔽、更为阴险的权力形式，这种形式操作谨慎且表面上不痛不痒，这就是："全球化"。

在欧洲知识表现最为复杂、最具战略性和最有控制力的领域，如基督教义、经院哲学、法律、大型绘画、宫廷文学、象征性语言、欧洲的环境，在特征、反应或局限性上似乎都没有显示出受到对外来事物的任何影响。西方的概念、标准和思想框架出口到西班牙美洲，在几乎不受当地影响的同时，在此繁殖。对于土著世界和交杂领域来说，欧洲特性都是封闭的，比如墨西哥城（Mexico）和利马（Lima）依据萨拉曼卡（Salamanque）模式所建立的大学体系，或者对自然法则的强制参考，这种法则用于在各处思考社会、经济和政治。就此而言，没有什么可交杂的，一切都是按照欧洲的标准克隆而成，欧洲特性的本地版本也遵循着精英们的发展，因此在欢迎革命原则之前（指法国大革命）从采取巴洛克模式转变为开明的专制主义：欧洲的保守派或自由派早已定下了基调。

在西方化的正面和大规模攻击背后，嫁接了另一种不可见也不可逾越的影响，加深和标识了这一障碍：在美洲，一旦当地人毫无困难地接受了生活方式的转变，就很难再有思想上的转变，不会再触及欧洲的绘画标准、新经院学派的基础或者后来的启蒙思想。我们将这种统一化进程中的阻碍称为"全球化"，将西方与地球其他地方联系起来的过程称为"世界化"，将旧世界对其他世界的影响称为"西方化"。[①]因此，"全球化主要是涉及知识工具、通讯代码和表达手段"[②]。

但是，一旦我们区分开"西方化"和"全球化"，还有待确定的问题是，输出到美洲的知识和法则为什么排斥与当地非欧洲元素

---

① 关于全球化的早期表现，参见《世界的四个部分：一段全球化的历史》（Serge Gruzinski, 2004, chap. XIII, XIV et XV）。

② 同上（Ibid., p. 374）。

的对抗或融合，而只与旧世界对话。这是否是任何殖民化成功的必要条件？这是一个明确而刻意的弹劾机制吗？或者说，我们是否应该使用拉丁基督教所宣扬的僵化的学术规范和语料？一部全球史可以帮助我们提出这些关键问题。这些问题都涉及欧洲遗产的成分、多问题性和自我闭塞的倾向。这种程度上的封闭与输出到墨西哥、利马、马尼拉或果阿的欧洲中心主义有关。通过参与全球化的过度竞争，殖民精英们在当地展现出他们对欧洲模式坚定的依附，更加有力和傲慢，从而使他们能够与土著与混血人种区别开来。

我们能否将这些意见用于理解我们的世界？今天，是否还存在一些活动区域不受周围世界的影响？随着这些区域在地球上的扩散，是否以同一模式使最多样化的人口受到影响？计算机程序、搜索引擎、"我酷"（Orkut）或"脸书"（Facebook）等社交模式，均属于我们所说的全球化。这些工具和电子牢笼在用户不知情的情况下早已被全球化：每个用户都发现自己陷入了一个量身定制的"气泡"中。[1] 如果我们要在全球化内区分出个体可谈判的输出机制与极端僵化的压迫形式，甚至在利益相关方不知情的情况下进行部署，那么首先必须界定"全球化"和"西方化"。在西方化的情况下，挪用和侵吞仍然屡见不鲜；而在全球化的情况下，这些现象没有妥协的可能：要么接受，要么放弃。在殖民美洲，不言而喻，精英们的艺术、神学、哲学都操着一种优越的语言，不受土著人惯俗、殖民环境及他们混血命运的影响。"正是出于这个原因，16世纪的亚里士多德主义仍然拒绝任何的美洲印第安人思想，他们逃避梅蒂斯思想的影响，而后者却擅长制造可以说独一无二的文化遗产。"[2] 西班牙

---

[1]　参见《过滤的气泡：互联网对你隐藏了什么》（Eli Pariser, *The Filter Bubble: What the Internet Is Hiding from You*, New York, Penguin Press, mai 2011）。

[2]　参见《世界的四个部分：一段全球化的历史》（Serge Gruzinski, 2004, pp. 376 – 377）。

或葡萄牙的学者、艺术风格、法律应用都可以而且应该变化发展，但是必须顺应欧洲和大都市的潮流。至少，这就是殖民精英们的目标。

今天，全球化的大网已经铺得更宽、拉得更紧。全球化不再是那些急于划分各自地盘、希望从周围世界里脱颖而出的精英们的垄断。只要拥有技术手段，任何人都可以通过数字工具进入全球。但是，互联网达到了在其他领域从未有过的混合程度，人们未经讨论就被推搡而入。

美洲中继站

从墨西哥城到利马、布宜诺斯艾利斯，只要我们从全球视角观察，美洲这一试验田就会呈现出另一种奇特景象。殖民群体不仅是欧洲统治的基石，还是西方化在其他地区的温床，一个个混血的后代。长远来看，这些被殖民的地区不再是接收地，而是以殖民熔炉底部的缓慢沉积为代价，那些来自欧洲、非洲或美洲印第安人的事物"正在被美洲化"，有时还在美洲大陆之外被复制。这是另一种类型的美洲化（américanisation）——它与美国对世界的影响不同——这一类型预示着我们今天正在经历的全球化。通过在美洲大陆的传播，天主教走出了欧洲的摇篮，在北美到南美的大片区域内取得了不同程度的成功。地方教会的成立、大陆范围机构的建立、对迥异于欧洲和拉丁环境的适应，均加快了罗马基督教的美洲化，使其具有欧洲以外的真实维度，显示出其全球化的能力。换句话说，就是充分实现其作为"符合道德标准团体"（指天主教）的使命，从而实现其作为一个世界性共同体的使命，许多新教教会的情况也是如此。将卡斯蒂利亚法律引入美洲，最终将当地法律转变为适用于洲际范围的法律体系。迄今为止一种语言和一个价值体系向欧洲以外的输出专属于伊比利亚半岛地区，标志着西方在法律全球化方面迈出的具体而决定性的一步。

换个角度看，如果美洲大陆没有为欧洲、美洲和美洲原住民的传统提供跳板，地球上的音乐会是现在这个样子吗？一些诞生于殖民时期的民间音乐，在19世纪就已确定了自己的地位，之后传播到世界各地，持续影响着各地的音乐创作。这也许是美洲化最直接的标识，在新世界孕育出了新的流派，继而风靡全球，成为源于三大洲的形式和实践在新世界融合的典型案例。

宗教、法律和音乐这三个例子看似简单，却鼓励我们从全球史的视角反思美洲舞台的位置，即全球化的批判史。刚刚被征服的墨西哥第一次采用卡斯蒂利亚的法律，这种看似不起眼的地方事件却接连导致我们建立了一个适用于两个半球的文献：印第安法律。除了范围上的改变，同样的律法在布宜诺斯艾利斯和墨西哥一并实施也表现出了思想的平庸化。当然值得这样做，这样一来，人们便开始认为欧洲的唯一法律可以在整体上控制全球……

最终，美洲化没有什么意义，因为这一目标还面临着遍布全球的其他竞争对手：伊斯兰化、中国化，甚至是亚洲一部分的俄罗斯化。没有任何迹象表明，我们所经历的全球化将永远沿着美洲化和西方化的道路继续前进。中国在崛起的过程中，很早便懂得了如何充分利用伊比利亚的全球化，这为我们对全球化问题的思考贡献良多。①

---

① 关于美洲化进程参见 "Fabrica Mundi" 系列丛书《美洲化进程》卷一《理论的开放》、卷二《文化和空间动态》。[Louise Bénat-Tachot, Serge Gruzinski et Boris Jeanne, *Les Processus d'américanisation*, t. Ⅰ, "*Ouvertures théoriques*", et t. Ⅱ, "*Dynamiques spatiales et culturelles*", Paris. Le Manuscrit, 2012 et 2013 (www. manuscrit. com)]。

第八章　人与人之间的联系

我们终于抵达广州了！

完成这次可怕的旅行之后，我要吃一顿橄榄油煎鳕鱼！

证明我们的存在，展示我们的力量吧！

让大炮响起来！

——鲁贝市让－罗思堂高中生的《鹰与龙》

无论昨天还是今天，殖民化、西方化和交杂化都不是抽象的动态，也不是随便就能讨论的简单分类问题。"真是一次可怕的旅行！"舞台上打扮成西班牙人和葡萄牙人的鲁贝少年感叹着。在上演《鹰与龙》时，所有小演员都必须解决一些具体问题：葡萄牙旅行者消费了什么？西班牙人和印第安人互相说了什么？用什么方式说的？船员们远离大本营时是如何生存下去的？欧洲人面对新的环境（中国、墨西哥）是如何应对的？这些对当地风俗一无所知的入侵者，分享着自己的信仰，并想象着已被征服的土地，他们是如何被迎接的？此外，学生们还需要了解，在这种情况下，要么会产生极端的暴力导致另一阵营的破坏；要么会通过交杂产生新的社会形式。通过调查这些初步的接触、交流，让－罗思堂的高中生们逐渐熟悉了这些情景和过程。

15 世纪末，许多人发现自己陷入了困境，他们自始至终都不知道，这些对话者或者对手与自己的祖先毫无关系。一些欧洲人在陌生的地方学会了社交往来和自我进化，而这些地方每天都会受到冲击，甚至可能是伤害性的或致命的。穿越大西洋的非洲奴隶因口渴而死，或者在征伐墨西哥期间印第安人因疫病而死，这些人是一种典型的、致命的"文明冲突"的真实受害者。换句话说，全球化不仅仅是网络和数字、金融、政治或宗教——尽管它们不断吞噬着全球的更多空间，还穿过人们的躯体，引导人们的航行，引起了各种反应。因此，一部全球的历史还提供了一个了解当前和每个人如何感受世界扩张结果的机会。从自身造成继而遭受着的动荡不安之中，人们获得了怎样的意识？这些意识在什么条件下能够给他们带来什么样的差距？

如此多的问题在当下引起了共鸣。我们从生命视野的不断延伸中看到了什么？我们如何才能掌控这个过程？我们是否应该畏惧全球化，躲在宗教或爱国的身份信仰背后？还是应当从社会规模的变化和世界的扩张中获利？一部全球史可以给人们提供思考的基础。

人际关系

16 世纪，越来越多的人口经历了这种状况，哪怕是在当时还没有的规模上。鲁贝的高中生没有时间去探究中国朝廷衰落后，葡萄牙人在中国的情况和皮莱斯的人马在广州被剿灭的细节。但他们应该知道，1540 年前后，葡萄牙人在永久定居澳门之前，经常出现在中国沿海，与马来人、中国人、日本人一起为这个黑幕的小世界谋取最大的利益。[①] 里斯本人秉性顽强又有能力，无论付出什么代价都

---

① 参见《鹰与龙》（Serge Gruzinski, 2012, pp. 326 – 328）。

能达到他们的目的，尤其是当他们进入中国的海上贸易路线，大为拓展自己的贸易。在广州不幸被破坏的关系，很快又恢复到了双方都能够接受的其他形式上来。

16 世纪，这些接触在一些地区成倍地增加。在欧、非、亚和美洲原住民之间，各种各样的接触和联系并非无关紧要。无论是什么样的空间，这些空间在一定程度上超出了既定权力的控制范围。它们的存在受制于各个社会之间的权力平衡，不过持续时间往往十分短暂。各类人群在那里交会，包括商人、传教士、军人、官员、本地乡绅以及他们在非洲、美洲和亚洲购买的奴隶和孕育的混血后代。葡萄牙船只上的穆斯林领航员、中国船员和陪同伊比利亚人四处奔波的翻译员，都在这一过程中给予了宝贵的帮助，即使不是必不可少的。坎蒂诺（Alberto Cantino，1502）和卡韦里奥（Génois Nicolaus de Caverio，1504/1505）的世界地图扩展了伊比利亚人所发现的地球范围。[①] 如果没有大量借用来自远方的知识（通常来自穆斯林）——包括计算纬度或描述领土，便无法实现这种伟大的绘图。在亚洲，马尼拉与澳门一样成为欧洲人"启蒙"中国的地点之一。在这些地方，中国人开始熟悉欧洲的生活方式。正如特拉特洛尔科（墨西哥）的僧侣修行中心，努力将印第安人土著基督化，同时教化当地贵族学习拉丁文，使用欧洲人的方式书写历史。岛屿、市场、码头、甲板以及修道院回廊、耶稣会学院、医院、植物花园，这些人之间的交流无处不在，只是成败取决于生意是否做成，或者利益是否均等。一种特殊类型的社会性，与我们所知的世界主义不可相提并论，它在这些"令人不安的遭遇"[②] 中打上自己的烙印。彼此

---

① 1502 年，意大利人坎蒂诺偷走了以他名字命名的世界地图，带回意大利。两年后，卡韦里奥绘制了另一张世界地图，至今保存在巴黎国家图书馆。

② 参见《交易的地区：映射早期的现代世界》（Jerry Brotton，1997，p. 82）。

之间难以理解的世界，一旦维持了一些规则的关系，这些关系终将把这些社会联系在一起。这些日复一日的交流和人与人之间的交往往往在档案中难以发觉，因此必须得到应有的重视，因为这也是伊比利亚全球化形成和表现之处。①

"世界意识" 的种子

现在，我们大概对地球上形成的各地团体以及那些各个世界之间的摆渡人有一个整体的认识了。② 他们是否知道自己所扮演的角色？可能现在的互联网用户没有深切体会到自己是不断扩展的地球网络的必要部分。如今，不断延伸的世界之间的连接，与我们对这种连接的观念或认知上产生了永久的差距，有时给全球化带来神秘和令人不安的行为。但 16 世纪的情况与今天不同，那时候，大部分欧洲人对伊比利亚探险队所造就的世界之网还十分陌生，与此同时，非洲西海岸和美洲大部分地区却已经遭受了严重影响。

自那时候起，直接受到迫害的人口与伊比利亚世界的政治、宗教和知识界精英之间产生了鸿沟。在西欧和世界其他地区，一些人习惯了这些新的现象：地理、科学和人文知识空前的膨胀，对古代和中世纪既有观念的动摇，对新的流通和交换方式的不断开辟以及商业前景（中国和亚洲市场）和精神潜力（千百万中国人的灵魂）

---

① 参见《隐含的理解：现代早期欧洲人与其他民族遭遇的观察、报道与反思》［Stuart Schwartz（ed.），*Implicit Understandings. Observing, Reporting and Reflecting on lthe Encounters Between Europeans and Other Peoples in the Early Modern Era*, Cambridge, Cambridge University Press, 1994］。

② 参见《介于两个世界之间：文化边界和中介者》（Berta Ares Queija et Serge Gruzinski, *Entre dos mundos. Fronteras culturales y agentes mediadores*, Séville, Escuela de Estudios hispano-americanos, 1997）、《越过边界：国际文化调解员研讨会（15—18 世纪）》（Serge Gruzinski et Rui Loureiro, *Passar as fronteiras. II Coloquio Internacional sobre mediadores cuiturais. Séculos XV a XVIII*, Lagos, Centro Gil Eanes, 1999）。

引发的狂热。电子化的冲击增加了远距离干预的风险，但同时也伴随和造就了这些干预行动。

这就是我们以及路易丝·贝纳-塔格（Louise Bénat-Tachot）称之为"世界意识"[①] 的写照：这种意识首先经历了地球空间空前巨大的经历。1500 年，威尼斯外交使团团长帕斯夸利戈（Pietro Pasqualigo, 1472 - 1515）对葡萄牙国王歌功颂德："您所做的最伟大、最难忘的就是将大自然分割开的人民重新汇聚在一起，并通过您的商贸团结了两个不同世界。"[②] 葡萄牙人在印度的闯入、皮莱斯与明朝的接触、科尔特斯在墨西哥发现的另一个世界、麦哲伦船队的幸存者穿越太平洋又从印度洋返回，这些事件体现了通过不断调整而产生的意识和多种观点的综合。威尼斯人帕斯夸利戈所说的"两个世界"、东方、拉丁人的基督教，还不是科尔特斯那种在另一个半球上横行霸道的概念。欧洲人的视野一次次被打开，直到第一次 360 度的环球航行。在西班牙，工程浩大的皇家地理模型（Padrón Real）[③] 不断被更新版本，记录了历年来一次次的航行路线。正如贝纳-塔格所说："皇家地理模型不是一张在梦中孤芳自赏的地图，不适用于宇宙冥想，而是一种帝国扩张的实践。它远非异国情调，实际上更拉近了被象征力量所概念化的远方……该地图给伊比利亚人呈现了'世界意识'的第一印象。"[④] 在频繁的探险航行中，全球和

---

① 参见《空间的书写、历史的书写：16—19 世纪的伊比利亚世纪》（Louise Bénat-Tachot, «Écriture de l'espace, écriture de l'histoire: mondes ibériques XVIe – XIXe siècle», *e-Spania*, Vol. 14, décembre 2012, http: //e-sptnit. revues. ocg/21829）。

② 参见《威尼斯来的大使：帕斯夸利戈 1501 年在里斯本》［Donald Weinstein（ed.）, *Ambassador from Venice: Pietro Pasqualigo in Lisbon* 1501, Minneapolis, University of Minnesota. 1960, p. 46］。

③ 西班牙官方和秘密的世界地图，用在 16 世纪所有西班牙船只上，从 1507 年的第一个版本开始，随着新船的出发不断改进。——译者注

④ 参见《空间的书写、历史的书写：16—19 世纪的伊比利亚世纪》（Bénat-Tachot, 2012）。

地球终于等同起来。人们迫不及待地总结第一次大发现的成果，清点其中缺少的成分：这就是葡萄牙人安东尼奥·加瓦（Antonio Galvão，1490－1557）在《大发现条约》（*Traité des découvertes*，1555）中所努力呈现的，也是英国人和意大利人所争夺的。[①] 安东尼奥·加瓦曾经担任特尔纳特（位于摩鹿加群岛）的行政长官，我们可想而知他在作品中写了什么。

进步产生于大规模和前仆后继的整体行动，思想习惯了这些从一个世界到另一个世界的飞跃。在对伟大的亚洲国家产生兴趣之后，《东方峰会》开始钻研令人惊愕的商业地理学，作者皮莱斯负责吸引中国进入里斯本的轨道。[②] 科尔特斯为自己成功地把部分印第安人并入日耳曼罗马帝国而深感自豪（这是恺撒时代以来的一次革命！），继而，这个成功者重新定位了由来已久的对太平洋和摩鹿加群岛的贪婪和欲望。伊比利亚人在越洋的规模上不断扩展，并没有局限在他们所声称的空间之内。17 世纪初，西班牙墨西哥与日本关系暧昧。[③] 西班牙殖民官员罗德里格·德·维维罗（Rodrigo de Vivero，1564－1636）与德川秀忠（Hidetada Tokugawa，1579－1632）达成一致，以期发展群岛与新西班牙之间的跨太平洋交流。墨西哥富有的克里奥人为幕府将军提供了造船和采矿方面的专门技术。17 世纪40 年代，巴西派遣第一支战斗舰队穿过南大西洋。重新占领安哥拉（落入荷兰人手中）的问题成为一桩生意，在由萨尔瓦多·德·萨

---

① 参见《大发现条约》（Aniónio Galvão. *Tratado dos descobrimentos*，Porto. Livraria Civilizaçào，1987）。

② 参见《皮莱斯〈东方峰会〉与弗朗西斯科·罗德里格斯的书》［Armando Cortesão（éd.），*The Suma Oriental of Tomé Pires and the Book of Francisco Rodrigues*，New Delhi/Madras，Asia Educational Services.（1978）1990］。

③ 参见《日本与西班牙仁慈征服》［Juliette Montbeig（éd.），*Du Japon et du bon gouvernement de l'Espagne*. Paris. SEVPEN，1972］。

（Salvador de Sa）领导的里约热内卢权势家族和非洲专制者之间得到
了解决。①

　　距离和空间的激增是探险活动的常见结果，来回往复的探险队
重新塑造了人们的想象。当人们不再对其他地方怀有猎奇心时，各
个目的地也就没什么差别了。这种意识指向航海者内部，也指向知
识分子、商人和政客——正是这些人资助和关注着这些发现。这种
意识迅速被人们用文字表达出来。从葡萄牙人关于印度洋和非洲开
端的叙事中，在米兰人皮埃尔·马蒂尔（Pierre Martyr, 1457 – 1526）
的信件里（*De orbe novo*, 1511 – 1530）关于新世界的书信中，在皮
加费塔（Antonio Pigafetta, 1480 – 1534）②和特兰西瓦尼（Maximilia-
nus Transylvanus, 1490 – 1538）③关于第一次环球航行的记载中，都
可以找到这种意识的雏形。为了展现不同的事实，没有离开过书房
的西印度历史学家洛佩兹·德·哥马拉却惊人地一次次进行了环球
旅行：他从生活在库斯科（Cuzco）、利马和阿雷基帕（Arequipa）
的秘鲁人写到居住在印度河、古里（Calicut）和锡兰（Ceylan）河
口的人们；从摩鹿加群岛去往埃塞俄比亚又继续前行至新西班牙。
他在《西印度历史》中写道："墨西哥人生活在阿拉伯人的对跖地，
也可以说在好望角的对踵点。"④地球上没有任何一个地方能够逃脱
目光或思想。

　　这些先驱很快被一些观察员所接替，后者随即成为驻扎在全球

――――――――――

　　① 参见《萨尔瓦多·德·萨与安哥拉、巴西的斗争》（Charles Ralph Boxer, *Salvador de Sa and the Struggle for Brazil and Angola*, 1602 – 1686, Londres, Athlone Press, 1952, rééd. Greenwood Press, 1975）。
　　② 16 世纪意大利作家，写下了关于麦哲伦航行最完整和最著名的编年史。——译者注
　　③ 16 世纪荷兰外交官、人文主义者，是最早出版关于麦哲伦航行记载的作者。——译者注
　　④ 参见《西印度历史》之《何处、何人、对跖点是什么》（Francisco López de Gómara, 1552, «Dónde, quién y quales son antípodes»）。

各地的专家：定居加勒比海和圣多明哥岛的编年史学家费尔南多·奥维耶多和多米尼加人巴托洛梅·德·拉斯·卡萨斯、秘鲁利马的耶稣会士若瑟·德·阿科斯塔（José de Acosta，1540－1600）[①]、墨西哥的贝尔纳多·德·巴尔布纳（Bernardo de Balbuena，1562－1627）[②]、印度果阿的迪奥戈·多·库托（Diogo do Couto，1542－1616）[③]、佛得角（Cap-Vert）的安德烈·多内哈（André Donelha）[④]、亚马孙海岸的艾斯达西奥·达·席尔韦拉（Estácio da Silveira）[⑤]。每个人都试图在笔下所描写的伊比利亚世界中定位自己感兴趣的城市、地区或大洲，至于观察的起点是印度还是非洲海岸，这并不重要。

从邻近空间发展成为坐拥地球的整体视野，那一刻便出现了新的意识。这一过程通过两个特有的媒介得以实现：一个是绘制和复制君主和商人的地图，一个是天主教传教士形而上的传播——在全球视野下考虑信仰的进步——即"救赎历史"。这样一来，世界意识建立在地图和地球仪制作的科技基础之上（1569）也就不足为奇了。在形成新的精神地图而非基于地理学家计算和水手日志的宇宙地图时，争论瓜分世界的葡、西专家会议在这方面起到了决定性作用。

更令人无措的是，这种意识也可以用形而上的结构来表达，这些结构参考了古代和中世纪、正统或非正统的《圣经》，而结构中包含了似乎已将我们解脱出来的西欧世俗化浪潮。16世纪，救世主、千禧年、末日这些概念组成了一种想象，在这种想象里，全球的占

---

① 西班牙耶稣会士，著有《西印度的自然和道德史》（1590）。——译者注
② 西班牙诗人，著有诗集《宏伟墨西哥》（1604）。——译者注
③ 葡萄牙作家和历史学家，著有《亚洲数十年》，参见第六章"向西方转变"。——译者注
④ 著有《葡萄牙塞拉利昂和佛得角几内亚河流报告》（1625）。——译者注
⑤ 巴西马拉尼昂的葡萄牙殖民统治者之一，著有《马拉尼昂事件总结报告》（1619）。——译者注

领进步与历史即将终结的信念齐头并进。今天，这些信念和意识促使我们仔细审视全球化的驱动因素如何与经济、金融或者 IT 逻辑相悖，又反过来影响了宗教地理学。[①] 在整个 17 世纪的亚马孙森林里，耶稣会士安东尼奥·维埃拉梦想建立一个在葡萄牙领导下的第五个基督教的世界帝国（Quinto império）。[②] 基督的第五帝国[③]失败了，但是我们即将迎来第三个千禧年，各种大事件如双子塔的摧毁、中东的宗教冲突提醒着我们，追溯全球化的西方起源绝不能回避宗教方面。对于其他领域来说，世界意识也不一定是种幻灭的意识：文化产业与大众文化的产物已经使我们习惯了将技术进步和计算化世界联系起来的幻想，就像安东尼奥·维埃拉预言的第五帝国一样神奇。很多电影呈现了世界末日的场景，即使远没有中世纪想象的神秘程度，也完全属于当代的视野。毫无疑问，虚拟加入到了自由发挥的想象和象征中，极大影响了人们对世界的想象。

在 16 世纪，世界意识的各种形式毫不犹豫地利用了包含着普世思想的古代文献，尤其是《旧约》中的预言、中世纪基督教世界的千禧年、救世主信仰和 16 世纪的预言。[④] 这些形式的开发，部分是

---

① 参见《美洲化进程》卷一、二（Louise Bénat-Tachot, dans *Les Processus d'américanisation*, Vol. Ⅰ et Ⅱ）。

② 参见《安东尼·奥维埃拉作品中的精神主义和弥赛亚主义》（Raymond Cantel, *Prophétisme et messianisme dans l'œuvre d'Antonio Vieira*, Paris, Ediciones hispanoamericanas, 1960）。

③ 根据维埃拉的说法，前四个帝国按顺序排列：亚述—卡尔代人、波斯人、希腊人和罗马人，第五个是葡萄牙帝国，第五帝国不仅是一个领土帝国，还是一个遍布世界的精神和语言机构。——译者注

④ 伊比利亚的欧洲并没有垄断这些视域，弥赛亚主义走遍世界各地。参见文章《从〈骇客帝国〉到康帕内拉：文化的交杂与全球化》[Serge Gruzinski, «Von *Matrix* zu Campanella. Kulturelle Métissagen und Mondialisierungen», in Jens Badura (éd.), *Mondialisierungen. «Globalisierung» im Lichte tranzdisziplinärer Reflexionen*, Bielefeld, Transcript Verlag, 2006, pp. 103 – 122]、《从塔霍河到 16 世纪的恒河：欧亚层面的千禧年》（Sanjay Subrahmanyam, «Du Tage au Gange au XVIᵉ siècle: une conjoncture millénariste à l'échelle eurasiatique», *Annales HSS*, n° 56 – 1, 2001, pp. 56 – 84）。

在伊斯兰教和蒙古人入侵的考验下完成的，并且与新的合作伙伴重新进入了历史舞台，如美洲土著和中国居民。美洲印第安人的灭绝重新唤醒了自穆斯林入侵西班牙以来一直困扰着中世纪伊比利亚的旧话题：西班牙的毁灭。巴托洛梅·德·拉斯·卡萨斯认为，"毁灭西印度群岛"与在美洲的深重罪孽注定会导致西班牙有被摧毁的可能。至于千百万正"等待救赎"的中国灵魂，传教士们为末日的信徒带去了基督信仰：众生皈依是几代传教士的信念和希望。对于16世纪的欧洲人来说，伊斯兰教、美洲和中国都具有自己的势力范围，并展现出了某种世界意识。这些想法都传达了欧洲人那些传统老套、恐惧、幻想和妖魔化思想，与中世纪时代和《圣经》遗留下来的疯狂愿望不无关联。

但全球史不能仅依赖于欧洲人的见证，与殖民统治密切相关的西班牙美洲混血和本土知识分子们也在推动着这种新状态的发展。秘鲁的梅蒂斯人德·拉·维加写下了第一部从佛罗里达到西班牙的历史，介绍了大西洋对岸至安第斯山的过去；① 墨西哥本土历史学家奇马帕因（Chimalpahin，1579 – 1660）对巴黎事件（暗杀亨利四世）的反应同对待日本的新闻一样。这些就像上述奥斯曼帝国的反应一样，表达了将第四帝国的人民和世界的最后一部分并入伊斯兰教轨道的信念。16世纪末，日本政府担心会走向西班牙控制之下的美洲命运，决定对伊比利亚封锁日本群岛。澳门的葡萄牙人在联盟伊比利亚王室（1580）② 之后，尽一切努力让他们的中国主人从此无视

---

① 西班牙作家，出生于秘鲁，著有《佛罗里达征服史》（1605），参见第七章"什么是梅蒂斯人"。——译者注

② 1580年，西班牙国王腓力二世趁葡萄牙发生王位继承危机，趁机宣称自己作为葡萄牙国王的外孙拥有继承权，兼任了葡萄牙国王而形成了伊比利亚联盟。该联盟因1640年葡萄牙发生革命而解体。——译者注

他们对西班牙国王的服从。世界威胁意识的存在，亦即葡萄牙和卡斯蒂利亚联盟所产生的庞大君主制带来的全球威胁，滋生了一种世界意识，其他地区也别无选择。玛雅神话《波波尔·乌》（*Popol Vuh*）讲述了在创世之时，人类最初看到的就是众神的视域：穿透了"四方""四角"，散播到全世界，人类的后代失去了这种能力。几百年后，这些后人发现的世界与创世之时的世界没有任何关系了，因为那已是伊比利亚人的世界。①

逃离全球化？

逃离全球化的想法尽管违背现实，却指向了 16 世纪那一系列连锁反应的弊端。巴托洛梅·德·拉斯·卡萨斯曾是第一个将葡萄牙人入侵非洲和征服美洲联系起来的人，他谴责道："葡萄牙人给当地土著造成了凌辱、蹂躏、不公、丑闻和毁损，只因他们是摩尔人、印第安人、黑人或阿拉伯人，而他们根本没招惹葡萄牙人。"② 无须回顾非洲史前史，卡萨斯书写了一个包含有欧洲、西印度群岛和西非海岸的历史，用新大陆的悲惨命运论证了人们从前无法解释的印第安奴隶来源。揭示加纳利群岛的殖民和大西洋奴隶的贸易，这就是《西印度历史》这本书的意义，其中几章讲述了 15 世纪西、葡两国的探险。③ 该书对殖民体系的痛斥似乎是全球史的先声，也为伊比利亚全球化提供了罕见的几部批评性解读之一。在意识到了这一现

---

① 参见《阿兹特克人：一种阐释》（Inga Glendinnen, *Aztecs. An Interprétation*, Cambridge. Cambridge University Press. 1991. pp. 215 – 216）。

② 参见《西印度历史》（Bartolomé de Las Casas, *Historia de las Indias*, Mexico. FCE, 1992, t. I, p. 128）。

③ 同上（Ibid. , chap. XVI – XXVII, pp. 81 – 148）。

象所带来的巨大灾难之后，拉斯·卡萨斯写下了他的控诉。

世界上本来没有交流的几个地区，从那个时代开始建立了直接的和经常性的联系，以至于成为今天的常规事务，包括水上、经济和宗教的联系。回顾过去，这些联系似乎是不可逆转的。我们能够阻止或者避免这个过程吗？或者用我们的术语来说"断联"（se déconnecter）？拉斯·卡萨斯毫不犹豫地用印第安人濒临毁灭的命运来威胁西班牙，驱赶他们离开美洲。他这样做难道是希望卡斯蒂利亚放弃新世界，以避免被新世界的毁灭所拖累吗？一些西班牙修道士曾梦想把美洲从罪孽深重的欧洲变成基督绿洲，注定会被伊斯兰教吞没。分离的想法成了一种会导致悲剧的异端邪说。

中断也可以是个人行为。在天主教专制的边缘地带可以看到它们：叛逆者们在东方的穆斯林王国中避难，冒险家们转为服务于非洲国王或融入美洲的印第安部落；很多雇佣兵为了寻找更好的前途，去其他地方兜售在欧洲获得的军事知识；葡萄牙人抱怨说，威尼斯专家教给印第安穆斯林火炮和火药技术。[①] 随着伊比利亚当局的权力扩张，中断关系变得更加困难：西班牙宗教裁判所想尽办法追踪其迫害者，从塞维利亚到墨西哥，从墨西哥到菲律宾，甚至到葡属亚洲地区。逃到新大陆或果阿的犹太裔，在改信新教后以为自己安全了，却被抓获并被无情地处决。同样，被带到美洲的非洲奴隶也不可能返回自己的家乡，因为在那里会被再次捉住。伊比利亚建立起的全球网络，有利于在世俗和宗教方面控制被天主教君主制统治的人民。但是，没有人口依托的控制将是无效的：监视着新世界社区的耳目如今越过了国界和海洋。这让我们联想到了出版《时代汇编》

---

① 参见《16—17 世纪的葡萄牙扩张战争》（João Marinho dos Santos, *A Guerra e as guerras na expansão portuguesà, séculos XVI – XVII*, Lisbonne, Grupo de trabalho do Ministério da educação para as Comemorações dos descobrimentos portugueses, 1998, p. 257）。

的恩里克·马丁内斯①。这位定居新大陆多年的德国人，有段时间被怀疑信奉异端邪说，因为墨西哥的宗教裁判听说他年轻时曾经在汉堡参观过新教教堂。一个礼拜日足以使事情变糟。虽说无风不起浪，浪头却已翻过北海与大西洋！

　　然而，伊比利亚的全球网络并不完美，仍有巨大漏洞。意欲逃脱的人往往设法在其他网络中寻找到机会：比如从天主教君主制中逃脱，继而加入奥斯曼帝国或莫卧儿帝国的运动；从马六甲的葡萄牙人手中逃脱，投向中国政府的怀抱；若要摆脱中国、天主教专制和伟大的穆斯林帝国周围的世界，便只能消失在南海或北美大草原上。

---

① 参见本书第五章第四节。——译者注

跋 该教什么样的历史？

为什么要成为历史学家？你是否实现了儿时的梦想？

——让－罗思堂高中学生的提问，2013 年 5 月

2013 年 8 月，理查德·瓦格纳的歌剧《漂泊的荷兰人》（*Vaisseau fantôme*，1843）在贝伦上演。一段演出视频在网上广为流传：摇摇晃晃的幽灵船驶向被亚马孙河淹没的港口。贝伦人第一次在当地的达帕兹剧院观看这部歌剧，欣赏被魔鬼诅咒的荷兰船员与不幸的女主角森塔之间的凄美故事。这部歌剧在 1878 年首演时①，西方还是橡胶业蓬勃发展的时代。那时候还没有圣塔伦河岸的盗版光碟（这些 DVD 复制了米兰斯卡拉歌剧院的优雅演出），没有剧院的数字化声像，更没有如今的亚马孙形象——这一地区已成为当代全球化的极端表现形式。因此，我们仍需理清那些在区域史中没能记录下来的过去和现在。

亚马孙的全球史

如何将全球史理论落到实处？具体来说，如何向贝伦的青少年

---

① 尤为卓著的一场是由卡塔诺·维拉（Caetano Vilela）执导。

介绍长期以来为欧洲所关注的巴西历史？例如，是否有可能从全球角度来看待葡萄牙霸权时期的最初几百年？

我所撰写的一本葡萄牙语小册子《亚马孙与全球化的起源》（*A Amazônia as origens da globalização*，2014）就是面向这一地区读者，并且试图解答这些问题。[①] 几个世纪以来，亚马孙河流淌过的土地一直在为全球史的书写准备着。众所周知，亚马孙地区是欧洲人的创造。在欧洲人到来之前，南美各国并不存在我们现在所看到的几乎统一的政治制度和文化领域。这里处于欧洲人所维系的国际和跨洋框架之中，他们从外部描绘出了亚马孙的形象。西班牙编年史家奥维耶多从圣多明各游历到威尼斯，记载了造就征服亚马孙的大发现壮举。肉桂、黄金和取之不尽的森林资源引发了西班牙和意大利人的欲望。于是，在加勒比海、塞维利亚和威尼斯之间，出现了第一个现代亚马孙。

第二个亚马孙是由英国人沃尔特·雷利（Walter Raleigh，1552－1618）发现的，这位英国探险家广泛宣传并深入考察了这个地区，他称之为"圭亚那"——那里不仅蕴藏着丰富的自然资源，还是一个比秘鲁和黄金城市马诺斯（Manaus）更加富裕繁盛的帝国。第三个亚马孙覆盖了亚马孙河的河口，来自法、英、荷、意和爱尔兰的探险者把这里变成了一个广阔的十字路口。自那时起，他们开始频繁出现在各个岛屿、河流和土著人之间，寻找各种财富。后来，西班牙君主国和葡萄牙人不遗余力地将当地人赶出去，造成了国际冲突，使三角洲变成了三十年战争（1618—1648）的美洲战场之一，也是第一次世界大战的先兆。

那么，亚马孙河是否取代了经过太平洋、巴拿马海峡、加勒比

---

① 参见《亚马孙与全球化的起源》之"贝伦：亚马孙之盾"。

海和大西洋的航线，将玻利维亚波托西的矿藏与伊比利亚半岛紧密联系在一起，成为一条财富之路，一条免受海盗、异教徒和飓风影响之路？这是 17 世纪上半叶，同时涉及巴西、葡萄牙和厄瓜多尔的问题。在大陆和跨大西洋的背景下，这一巨大宝地自被发现以来持续震撼着观察者。然而，安第斯山脉的河道开通之后没有被利用起来：因为 1640 年，在海洋的另一岸，葡萄牙革命造成了天主教君主制爆发危机。突然之间，基多（厄瓜多尔）的西班牙人和贝伦的葡萄牙人变成了顽强的对手。但这并不妨碍亚马孙再次发挥作用，它摇身一变成为西方世界在赤道的实验室：欧洲人的后裔早在亚非大陆定居之前，就在这里学会了驯化自然、雇用土著、抵御疾病和炎热。

从第一批欧洲人的入侵开始，亚马孙就与伊比利亚的全球化联系在了一起，纵然这一过程比跨越太平洋更加艰难。但是，这一全球史不仅仅是欧洲人的历史。如果没有当地人先自愿后被胁迫的合作，葡萄牙人和来自英、荷、法国的后继者和竞争对手会怎么做？无非是了解河流、森林，学会在广阔海洋中掌控方位和洋流，探索植物的秘密和当地迷药①的位置，最后获取印第安的劳动力。

这种全球视野并未穷尽亚马孙历史的所有方面，但是让我们更好地理解了为什么欧洲人总是对圣塔伦的混血人种和他们销售的盗版 DVD 虎视眈眈。四百年前，当地人的祖先用这里的红树林副产品与来自荷、法、英国的探险者交换商品，当时的一把铁斧远比今天的盗版光盘值钱得多，对印第安人劳作的影响也更为直接。但如今，全球的范围已经渗透到了红树林。往贝伦倾销货物的香港和广东距离亚马孙千里之外，而阿姆斯特丹或伦敦的水手已经宣布，他们准

---

① 土著印第安人有在仪式中食用有迷幻效果植物的习惯。——译者注

备好了接替伊比利亚人的全球化。全球史使我们有可能将这片土地与各种各样的影响、紧张局势和觊觎因素联系在一起，成为我们所熟悉的那个巴西。先是落入葡萄牙人手中长达两个世纪，后来又被西班牙统治，这样的经历将亚马孙置于更加广阔的历史之中——16世纪的香料竞赛、17世纪的三十年战争、18世纪的启蒙运动。19世纪，西方为这里带来了橡胶的繁荣和当地上层社会的富裕——可惜他们仅在赤道上建起了两座歌剧院：因维尔纳·赫尔佐格（Werner Herzog）而闻名的亚马孙剧院①（位于马诺斯）和在欧洲人眼中毫无本地特色的帕兹剧院（位于贝伦）。但是无论如何，没有亚马孙的橡胶就没有工业化的飞跃，没有工业化就没有美好时代的全球化。我们在这里重提历史，显然是因为对当地居民来说，那些把自己封闭在当代亚马孙河上的人，尽管对这里的自然资源和生物多样性极尽赞美之词，却丝毫没有意识到这种赞美诗已经过时几百年之久了。

鲁贝，交杂的城市

尽管世界两端的青少年没有那么大的差距，但是思考亚马孙历史以及与其他世界的关系似乎不是鲁贝高中生关心的主要问题。学生们所排演的《鹰与龙》，虽然无法直接帮助他们弄清楚两个世界之间的关系——自己居住的这个灰色地区和在屏幕上和耳机里认识的那个世界，却唤起了对其他历史关系的认识：几百年来，西欧以成就或破坏的方式，对少年们出生的地方进行过殖民或外迁人口。

在很大程度上，中学历史教学大纲传递出的精神旨在澄清"现

---

① 1982 年德国著名导演维尔纳·赫尔佐格执导了一部以该剧院为原型的电影，讲述了费尔南德斯男爵提议在亚马孙建造剧院的真实故事。——译者注

代性的多元概念",大纲解释道:"这些现代性是以风险、交换和侵略为代价建立起来的人文和知识",并引导学生"在规模和时间性上"认识当时第一次全球化的不同方面,"重视相互的连接",为了比较欧洲的扩张和全球化进程,"必须理解其模式和因素"。这个教学目标分为三个子课题:一个属于"必修课",了解伊斯兰社会的活力。另外两个可选项是:跟随某位导航员探险,开拓一个欧洲大港口;或者造访前哥伦布时代的大城市(例如墨西哥城或者库斯科)、探索明朝的都城北京。

这一大纲在知识背景上要求很高:对持续语境化的关注、对问题意识线索的探求、对交叉视角的重视以及"根据所提出的问题对具有价值"的资料之选择。教学目的和原则设计得都不错,只剩下执行和教授了。这一雄心勃勃的大纲体现了希望脱离法国旧有的国民教育模式的努力,应当给予肯定。

鲁贝高中的经验十分特别,一方面开发了中学大纲中没有明确指出的一条线索,另一方面,这条线索可能会引导学生们走进遥远的过去。组织演出的老师劳伦特·基顿写道:"《鹰与龙》提供了一种总述性历史的可能性,整合了涉及众多领域的历史。这样,学生们成为军事探险和外交谈判的主角,能够从中体验技术的差异与技术的传递(从武器到印刷术),经历各种产品通过新旧贸易网络的经济交换,参与混血与传染病结合的生物史,并且发展了对宗教仪式相异性(人祭、食人)的文化思考。"[1]

因此,全球化也是一种具有不同意识水平的个人体验。通过化身为墨西哥的西班牙人、中国的葡萄牙人或者登陆广州和古巴的里斯本船员,让 – 罗思堂的高中生们是否能真正了解"现代性的复数

---

[1]　参见附录"历史学家与高中生"。

概念""连接的历史""交叉的观点"这些概念的意义是什么吗？事实上，他们所做的是在现代的某一时刻，尝试深入这些历史上的大人物或小人物的内心，而不是设法奇迹般地还原伊比利亚全球化的经过——我们可以重读一下索科洛夫对追溯历史局限性的看法。至少，学生们尝试过体验一些情景，在这些情景中能够更多的批判性地看待当下所经历的一切，以及他们从这个"属于我们"的世界中所获得的东西。

新大陆的教训

探索亚马孙的历史或试图说明法国中学教学大纲，实际上比搜集和整理档案工作困难得多。但是，对于这些无论在空间还是时间上相距甚远的社会，仅罗列出相关的发现和文献还不够，必须同时警惕人们对历史默认采取的欧洲视角和西方偏见。

历史主义是在文艺复兴时期的意大利手工作坊中发展起来的，早期被输出到伊比利亚美洲，而后在世界其他地方传播开来，最终在 20 世纪全面成功。如果人们希望将历史学科从欧洲中心主义的枷锁中解脱出来，并且质疑今天仍有可能从欧洲的角度出发去关注和思考世界历史，那么这种对全球的"格式化"过程值得专门研究。

历史学科在欧洲的发展可谓闭门造车，背弃了世界其他地区的史学传统（当然肯定有人会对此表示怀疑！），尤其是扭转了伊比利亚人留下的足迹，特别是在美洲。从 16 世纪开始，欧洲人、印第安人和梅蒂斯人已经试图解释世界之间的冲突，以及非欧洲社会向殖民化或西方化社会转变的现象。这些历史学家为了想象出可以融入殖民世界的记忆和历史模型，往往借鉴了拥有普世历史的欧洲传统。随着反宗教改革和启蒙运动，这扇几乎半开的门再次关闭了，人们最终忘记了"大发现"历史的存在。这是处于现代边缘的新世界令人感兴趣的又一个原因。

最后,本书中所提到的那些当代创作手段提醒我们:在研究历史的过程中,如果不关注周围多种多样的屏幕所传达的信息,如果忽略电影制片人、视觉艺术家、舞蹈编导以及所有那些将当下发生搬上舞台的人,那么就只是将历史学封锁在学院派的套路里,继而会造成历史学科不断地丢失阵地。对历史学家而言,重新阅读经典是一种推动力,其价值远远超过了"灰色文学"。很多艺术创作者指出了我们这个时代的问题,有些人甚至提出了具有批判性和建设性的观点,而这些观点比以往任何时候都更加重要。

附录　历史学家与高中生

劳伦特·基顿

2013 年春的一个晚上，学生们在鲁贝剧院的后台完成了演出，欢呼雀跃。他们的演出灵感源于格鲁金斯基的《鹰与龙》一书。年轻观众们的掌声与尖叫欢呼，以及老师不吝真诚的致辞都令他们满心自豪，精神焕发。颁奖环节将晚会推向了高潮，评审委员宣布了优胜者，并呼唤小演员们上台领奖……然而，就在几个月前，学校里极少有老师对这个班级的成功持乐观态度。这个班几乎全是由男生组成，而且是一群性格刚强甚至倔强的男生；此前也有些性质较为严重的事情接连发生：有个学生被"意外"推下楼梯，有同学从校外带来同伙欺负其他学生……当然，这些现象与鲁贝城市与地区的社会经济环境息息相关：这是一个失业率与接受社会救济程度破纪录的工业老城，当地居民一直饱受苦难。

然而，十几个迷茫又焦躁的年轻人怎么能够忘掉他们的日常琐事，全心全意投入到一个棘手的历史剧演出中？这些学生通过一部围绕"15—16 世纪新世界扩张"主题的三个小时的电影，开始对《鹰与龙》这本书感兴趣。这台演出在该书的巨大启发下，与这些十五六岁的青年人分享了全球史在历史编纂方面的革新发现，尽管他们本来与 16 世纪初西班牙人在墨西哥和葡萄牙人在中国的遥远经历不甚关注。

这段学术史经过多种改编方案才得以在教学中呈现。运用一段历史叙事来创造一次多少有些革新性的体验，似乎自相矛盾。不过，叙事在教学中的回归能够有效再现那段历史，尤其是围绕那些欧洲人的征服行动或失败结果的记载，只要最大限度地整合叙事方式（悬念、未知、叙事地点的变迁、跌宕起伏），就能够更好地塑造那些在遥远未知的新世界有所作为的英雄（例如科尔特斯、莫克特祖马）或默默无闻的人（例如皮莱斯）①。通过格鲁金斯基的书走进全球史，还呈现了将多种活跃的叙事方式结合在一起的趣味：一段与伊比利亚半岛的经历平行和同步的世界历史，一段怀揣不同目的、有着天壤之别的两个帝国的比较史，一段在 16 世纪连接起世界的三个部分，带有显著的人口迁移、文化渐适、种族通婚等现象的历史。最终，《鹰与龙》提供了一种总述性历史的可能，整合了涉及众多领域的历史。如此一来，学生们成为军事探险和外交谈判的主角，体验技术的差异与技术的传递（从武器到印刷术），经历各种产品通过新旧贸易网络的经济交换，参与混血与传染病结合的生物史，同时从文化视角演绎了宗教仪式（人祭、食人）以及对他异性的一些反思。

但是这些策略本身还不足以促使学生去真正彻底了解这段历史，更重要的是格鲁金斯基本人的到来，他介绍了自己的历史学生涯与新作的写作意图。对学生们来说，一本书的作者能够从书中走出来并现身于眼前已经是很奇特的事情，更别说这位作家的童年就在隔壁的街区度过。鉴于某些学生的反应（"人们为什么不一直这样做？"），我开始觉得，这样的教育经验值得被搬到市剧院的舞台上。

---

① 三人分别是西班牙征服者、墨西哥皇帝和葡萄牙使者。——译者注

几周之后，一场由鲁贝市政府与地理—历史学科监察员联合组织的名为"吾之所学"的晚会为我们的演出提供了机会。在课堂上，有限的排练空间、"个性化辅导"提供了一个弹性框架，这样的一次经历得以顺利进行。每周两小时、持续两个月的努力：十一个演员，每人分配到一个角色，节选《鹰与龙》的内容编写对话形式的剧本，然后再考虑舞台上那八段历史性小品的各种细节设计（服装、饰品、舞台走位、动作……）。不过，就在晚会开始的几天之前，这场演出看起来仍不太可能成功：演员还不能熟练台词，一些人开始泄气，也没法保证最后一刻会没有人缺席。我没能看到他们早上最后一次排演，但是不出我所料，到了晚上，我看到的是那些小演员们自在地演绎着各自的角色：这边，科尔特斯战胜了绝望的莫克特祖马；那边，皮莱斯在皇宫前与一个太监谈话，等待正德皇帝的归来……

这次挑战终于成功了，把一部学术性著作转换成适合高中课堂的教学并非遥不可及。将一段伟大历史的人物对号入座并亲密接触著名历史学家，这样的经历让一个教学题材变得有血有肉。这些学生不仅是课堂知识的表演者，更是一段全球历史的演绎者，也是正在成长的、未来的历史学家，有幸亲自参与了一种书写历史形式的形成。在超出国家历史、自身不足以给家庭与社会生涯赋予意义时，这段伊比利亚半岛的征战历史有可能给不同文化背景的学生读者提供一种批判性视角，并且这种视角与愈加复杂的全球化保持着一定距离，以便更好地培养他们成为未来的世界公民。

参考文献

A. J. R. Russell-Wood, *The Portuguese Empire*, 1415 – 1808: *A World on the Move*, Baltimore, Johns, Hopkins University Press, 1998.

Adam Chapman, "Is Sid Meier's Civilization History", *Rethinking History*: *The Journal of Theory and Practice*, Vol. 17, n°3, 2013.

Alain Tournaine, «La pâleur du pouvoir en Amérique latine», in Jean-Pierre Castelain et al. , *De l'ethnographie à l'histoire*. Paris-Madrid-Buenos Aires. Les mondes de Carmen Bernand, Paris: L'Harmattan, 2006.

Alessandra Russo. *L'Image intraduisible. Une histoire métisse des arts en Nouvelle-Espagne* (1500 – 1600), Paris. Les Presses du réel, 2013.

Alexander Nagel et Christopher Wood, *Anachronic Renaissance*, New York, Zone Books, 2010.

Aniónio Galvão, *Tratado dos descobrimentos*, Porto. Livraria Civilizaçào, 1987.

Anthony Grafton, *What Was History? The Art of History in Early Modern Europe*, Cambridge, Cambridge University Press, 2006.

Antonello Gerbi, *La naturaleza de las Indias nuevas. De Cristobal Colon a Gonzalo Fernandez de Oviedo*, Mexico. FCE, 1975.

Antonio Vieira, *Sermao de quarta-feira de cinza*, Rome, église de Saint-

Antoine-des-Portugais, 1672. http: //www. literaturabrasileira. ufsc. br/ documentos/? action = download&id = 30445.

Armando Cortesão (éd.) , The Suma Oriental of Tomé Pires and the Book of Francisco Rodrigues, New Delhi/Madras, Asia Educational Services. [1978] 1990.

Bartolomé de Las Casas, Historia de las Indias, Mexico. FCE, 1992.

Bernardino de Sahugun, *Historia general de las cosas de Nueva Espana*, Mexico, Porrua, 1582.

Berta Ares Queija et Serge Gruzinski, *Entre dos mundos. Fronteras culturales y agentes mediadores*, Séville, Escuela de Estudios hispano-americanos, 1997.

Birgit Beumers et Nancy Condee (ed.) , *The Cinema of Alexander Sokurov*, Londres/New York, I. B. Tauris, 2011.

C. Raja Mohan, "Debating China's ' Peaceful Rise ' : The Rhyme of the Ancient Mariner", *Economic and Political Weekly*, Vol. 39, n°30, 14 août 2004, http: //www. jstor. org/stable/4415413.

Carl Schmitt, *Le Nomos de la Terre*, Paris, PUF, 2008.

Carlos Reygadas, *The Guardian*, 14 mars 2013. http: //www. theguardian. com/film/2013/mars/14/carlos-reygadas-post-tenebras-lux.

Carmen Bernand, *Genèse des musiques d'Amérique latine*, Paris, Fayard, 2013.

Carmen Bernand, *Un lnca platonicien. Garcilaso de la Vega* (1539 – 1616) , Paris, Fayard, 2006.

Charles Ralph Boxer, *Salvador de Sa and the Struggle for Brazil and Angola*, 1602 – 1686, Londres, Athlone Press, 1952, rééd. Greenwood Press, 1975.

Craig Bernthal, «Endless Game of Thrones», The University Bookman, été 2012, kirkcenter. org.

David Herlihy, "Am I a Camera? Other Reflections on Film and History", *AHR Forum*. *The American Historical Review*, Vol. 93, n°5, décembre 1988.

Davide Bigalli, *I Tartari e l'Apocalisse. Ricerche sull'escatologia in Adamo Marsh e Roger Bacon*, Florence, La Nuova Italia, 1891.

Dipesh Chakrabarty, *Provincializing Europe: Posthistorical Thought and Historical Difference*, Princeton, Princeton University Press, 2000.

Donald Weinstein (ed.), *Ambassador from Venice: Pietro Pasqualigo in Lisbon* 1501, Minneapolis, University of Minnesota. 1960.

Dragan Kujundzic, «Après "L'après": le mal d'archive d'Alexandre Sokourov», *Labyrinthe*, t. 19 – 3, 2004.

"Entretien" in *Book*, 15, n°34, juillet-août 2012.

«Entretien avec Carlos Reygadas», *Groupement national des cinémas de recherche*, CNC, mai 2013.

Edward L. Dreyer, *Zheng He: China and the Oceans in the Early Ming*, 1405 – 1433, Londres, Library of World Biography Series, Longman, 2007.

Eli Pariser, *The Filter Bubble: What the Internet Is Hiding from You*, New York, Penguin Press, mai 2011.

Éric Dahan et al. , «Le roi Chéreau», *Libération*, 7 octobre 2013, http: // www. libération. fr/theatre/2013/10/07/le-roi-chereau_ 937783&title.

Étienne François, cité par Frédéric Le maître, «Allemagne: une discrète Grande Guerre», *Le Monde*, 15 novembre 2013.

Fernandez del Castillo, *Libros y libreros en el siglo XVI*, Mexico, Fondo de

Cultura Económica, 1982.

Francisco López de Gómara, *Historia general de las Indias*, Saragosse, 1552.

François Hartog, *Régimes d'historicité. Présentisme et expériences du temps*, Paris: Seuil, «Points», 2012.

Gabriela Nouzeilles, «The Archival Paradox», in Gabriela Nouzeilles et GracielaMontaldo (ed.), *The Itinerant Languages of Photography*, Princeton, Princeton University Art Museum, 2013.

Geoffrey Wade, "The Zheng He Voyages: A Reassessment", *Asia Research Institute*, *Working Papers Series*, n°31, National University of Singapore, October 2004.

Georges Liébert, «De la mise en scène d'opéra et de théâtre aujourd'hui», *Le Débat*, n°113, 2001 – 1.

Gérard Mortier, Dramaturgie d'une passion, Paris, Christian Bourgois, 2009.

Geremie R. Barmé, "China's Flat Earth: History and 8 August 2008", *The China Quarterly*, Vol. 197, 2009.

Gilles Kepel, *À l'ouest d'Allab*, Paris: Seuil, 1994.

Gilles Kepel, *Passion française. Les voix des cités*, Paris: Gallimard, 2014.

Hannah Arendt, «La brèche entre le passé et le futur», *L'Humaine Condition*, Paris: Gallimard, «Quarto», 2012.

Hartmut Rosa, *Accélération. Une critique sociale du temps*, Paris, La Découverte, «Théorie critique», 2010.

Hayden White, "Historiography and Historiophoty", *AHR Forum. The American Historical Review*, Vol. 93, n°5, décembre 1988, http://

www. ville-roubaix. fr/actualites/actualite-detaillee/article/video-lhis-
toire-geo-en-scene. html.

Inga Glendinnen, *Aztecs. An Interprétation*, Cambridge. Cambridge Uni-
versity Press. 1991.

Jacques Attali, «Game of Thrones, le Moyen Âge qui vient», Slate. fr, 10
avril 2014, http: //www. slate. fr/story/85815/games-of-thrones-moy-
en-age-attali.

Jean-Michel Sallmann, *Le Grand Désenclavement du monde*, 1200 – 1600,
Paris, Payot, 2011.

Jennifer E. Sessions, *France and the Conquest of Algeria*, Ithaca, Cornell
University Press, 2011.

Jennifer E. Sessions, *Making colonial france: culture, national identity
and the colonization of Algeria*, 1830 – 1851, Ann Arbor, University of
Michigan, 2005.

Jeremi Szaniawski, *The Cinema of Alexander Sokurov. Figures of Paradox*,
New York, Columbia University Press, 2014.

Jerry Brotton, *A History of the World in Twelve Maps*, Londres, Penguin
Books, 2012.

Jerry Brotton, *Trading Territories: Mapping the Early Modem World*, Itha-
ca. Cornell University Press, 1997.

João de Barros, *Grammatica da lingua portugeuesa*, Lisbonne, 1540.

João Marinho dos Santos, *A Guerra e as guerras na expansão portuguesà,
séculos XVI – XVII*, Lisbonne, Grupo de trabalho do Ministério da
educação para as Comemorações dos descobrimentos portugueses, 1998.

John H. Parry, *Europe and a Wider World*, 1415 – 1715, Londres,
Hutchinson University Library, 1949.

John Pagnotti et William B. Russell Ⅲ, "Using Civilization IV to Engage Students in World History Content", *The Social Studies*, n°103, 2012.

José Saramago, *Le Radeau de pierre*, Paris, Seuil, 1990.

José-Maria de Heredia, «Les conquérants», *Les Trophées*, 1893.

Joseph Zimet, «Du cinquantenaire au centenaire, la mémoire renouvelée», *Le Monde*, 15 novembre 2013.

Juliette Montbeig (éd.), *Du Japon et du bon gouvernement de l'Espagne.* Paris. SEVPEN, 1972.

Kate Merkel-Hess, Kenneth Pomerantz et Jeffrey N. Wasersrrom (ed), *China in 2008: A Year of Great Significance*, Lanhain, Rowmari & Littlefield, 2010.

Ken MacQueen et Jonathan Gatehouse, "Breaking out the Good China for the Olympics", *Maclean's*, Vol. 121, n°33, 2008.

Kenneth Pomeranz, *The Great Divergence: China, Europe, and the Making of Modern World Economy*, Princeton, Princeton University Press, 2001.

Laurent Trémiel et Tony Fortin, *Mythologie des jeux vidéo*, Paris, Le Cavalier bleu, 2014.

Libération, 31 mais/1er juin 2014.

«La Murcia inmigrante: exploraciones e investigaciones», novembre 2004, http://www. monografias. com/trabajos32/flujos-migratorios-internacionales-espana-murcia/flujos-migratorios-internacionales-espana-murcia. shtml2.

Louise Bénat-Tachot, «Écriture de l'espace, écriture de l'histoire: mondes ibériques XVIe – XIXe siècle», *e-Spania*, Vol. 14, décembre 2012, http://e-sptnit. revues. ocg/21829.

Louise Bénat-Tachot, *Serge Gruzinski et Boris Jeanne, Les Processus d'américanisation*, t. I, "Ouvertures théoriques", et t. II, "Dynamiques spatiales et culturelles", Paris. Le Manuscrit, 2012 et 2013 (www. manuscrit. com).

Luigi Canfora, *L'Uso politico dei paradigmi storici*, Bari, Laterza, 2010.

Luiz Felipe de Alencastro et Serge Gruzinski, http: //america-latina. blog. lemonde. fr/2013/07/13/linclusion-de-la-peninsule-iberique-au-pr ogramme-de-lagregation-dhistoire-suscite-une-polemique.

Manola Antonioli. «Globalisation et philosophie. Notes sur le palais de cristal», note de lecture. *Horizons philosophiques*, n° 17 – 2, printemps 2007.

Marquis Adolphe de Custine, *La Russie en 1839*, Paris, 1843, Vol. 4.

Martin Hyde, *The Guardian*, 28 juillet 2012.

Mathieu Triclot, *Philosophie des jeux vidéo*, Paris, Zones, 2014.

Monique Dondin-Payre, «Réussites et déboires d'une œuvre archéologique unique: le colonel Carbuccia au nord de l'Aurès (1848 – 1850)», *Antiquités africaines*, n°32, 1996.

Nabil Matar, *Turks, Moors and Englishmen in the Age of Discovery*, New York, Columbia University Press, 1999.

Nathan Wachtel, *La Vision des vaincus*, Paris, Gallimard, 1971.

Nicolas Offenstadt, «La pucelle sans oripeaux», *Le Monde*, 30 janvier 2012.

Norbert Servos, Pina Bausch, *Dance Theater*, Munich, K. Kieser, 2008.

O Farol, Salinopolis, n°1, 1er août/21 septembre.

Olivier Guez, «Les Bleus à l'âme française», *Le Monde*, 14 juin 2014.

Olivier Mauco, *GTA IV. L'envers du rêve américain*, Paris, Questions théoriques, 2014.

Patricia Hickson et al. , *Enrique Chagoya*, *Borderlandia*, Des Moines, Iowa, Des Moines Arts Center, 2007.

Peter Hays Gries, Michael Crowson et Todd Sandel, "The Olympics Effect on American Attitudes towards China: Beyond Personality, Ideology, and Media Exposure", *Journal of Contemporary China*, Vol. 19, n°64, 2010.

Peter Sloterdijk, *Esferas*, t. II, Madrid, Siruela, 2003.

Philippe Aziz, *Le Paradoxe de Roubaix*, Paris: Plon, 1998.

Pierre Chaunu, *L'Expansion européenne du XIIIe au XVe siècle*, Paris, PUF, «Nouvelle Clio», 1969.

Pierre Chaunu, *Le Pacifique des Ibériques* (*XVIe*, *XVIIe*, *XVIIIe siècles*). Introduction méthodologique et indice d'activité, Parts, SEVPEN, 1960.

Pierre Singaravélou et Julien Sorez (dir.), *L'Emppire des sports. Une histoire de la mondialisation culturelle*, Paris, Belin, 2010.

Poor Galen, *Reimagining the Past at the Beijing Olympics*, thèse, Departement of Pacific and Asian Studies, University of Victoria, 2012, http://hdl. handle. net/1828/3911.

Raymond Cantel, *Prophétisme et messianisme dans l'œuvre d'Antonio Vieira*, Paris, Ediciones hispanoamericanas, 1960.

Raymundo Heraldo Maués, *Padres, pajés, santos e festas, Catolicismo popular e controle ecclesiastico*, Rio de Janeiro, Editora Cejup, 1995.

Robert A. Rosentstone, "History in Images/History in Words: Reflections on the Possibility of Really Putting History onto Film", *AHR Forum. The American Historical Review*, Vol. 93, n°5, décembre 1988.

Robert Brent Toplin, "The Filmaker as Historian", *AHR Forum. The American Historical Review*, Vol. 93, n°5, décembre 1988.

Robert Finlay, "China, the West, and World History in Joseph Needham's Science and Civilisation in China", *Journal of World History*, Vol. 11, n°2, automne 2000, http: //www. jstor. org/stable/20078851.

Sanjay Subrahmanyam, «Du Tage au Gange au XVIe siècle: une conjoncture millénariste à l'échelle eurasiatique», *Annales HSS*, n° 56 – 1, 2001.

Sébastian Conrad, "Enlightenment in Global Hisiory: A Historiographical Critique ", *The American Historical Review*, Vol. 117, n° 4, octobre 2012.

Serge Gruzinski et Rui Loureiro, *Passar as fronteiras. II Coloquio Internacional sobre mediadores cuiturais. Séculos XV a XVIII*, Lagos, Centro Gil Eanes, 1999.

Serge Gruzinski, "Cannibals Images: The Virtues of Anachronism and the Writing of History in Contemporary Art", in Patrice Giasson (ed.), *Pre-Columbian Remix: The Art of Enrique Chagoya*, New York, Neuberger Museum, 2013.

Serge Gruzinski, «Von*Matrix* zu Campanella. Kulturelle Métissagen und Mondialisierungen», *in* Jens Badura (éd.), *Mondialisierungen. «Globalisierung» im Lichte tranzdisziplinärer Reflexionen*, Bielefeld, Transcript Verlag, 2006.

Serge Gruzinski, *Histoire de Mexico*, Paris, Fayard, 1996.

Serge Gruzinski, *L'Aigle et le Dragon. Démesure européenne et mondialisation au XVIe siècle*, Paris, Fayard, 2012.

Serge Gruzinski, *La Guerre des images de Christophe Colomb à Blade Runner* (1492 – 2019), Paris, Fayard, 1990.

Serge Gruzinski, *La Pensée métisse*, Paris, Fayard, 1999.

Serge Gruzinski, Les Quatre Parties du monde. Histoire d'une mondialisation, Paris, La Martinière, 2004.

Serge Gruzinski, *Quelle heure est-il là-bas ? Amérique et Islam à l'orée des Temps modernes*, Paris, Seuil, «L'univers historique», 2008.

Serge Gruzinski, Sanjay Subrahmanyam, Annales HSS, n°56 – 1, 2001.

Sharon Kinsella, *Adult Manga. Culture & Power in Contemporary Japanese Society*, Honolulu, University of Hawaii Press, 2000.

Stuart Schwartz (ed.), *Implicit Understandings. Observing, Reporting and Reflecting on the Encounters Between Europeans and Other Peoples in the Early Modern Era*, Cambridge, Cambridge University Press, 1994.

Susan Brownell, *Beijing's Games: What the Olympics Mean to China*, Lanham, Rowman & Littlefield, 2008.

Sylvain Allemand, René-Éric Dagorn et Olivier Vilaça, «L'Occident, c'est l'Europe + l'Amérique du Nord», *La Géographie contemporaine*, Paris. Le Cavalier bleu, «Idées reçues», n°102, 2005.

Thomas Dacosta Kaufmann, *Toward a Geography of Art*, Chicago, University of Chicago Press, 2004.

Thomas Goodrich, *The Ottoman Turks and the New World. A study of "Tarih-i Hind-i Garbi" and Sixteenth Century Ottoman Americana*, Wiesbaden, O. Harassowitz, 1990.

Thomas Wieder, «Hollande face aux piège de l'HIstoire», *Le Monde*, 26 juillet 2012.

Tim Harte, "A Visit to the Museum: Aleksandr Sokurov's Russian Ark and the Framing of the Eternal", *Slavic Review*, 64, n°1, printemps 2005.

Toni Johnson-Woods (ed.), *Manga. An Anthology of Global and Cultural Perspectives*, New York, The Continuum International Publishing Group

Inc. , 2010.

"Using Civilization Simulation Video Games in the World History Classroom", World History Connected, http: //worldhistoryconnected. press. illinois. edu/4. 2/whelchel. html.

Veronica Zarate Toscano et Serge Gruzinski, «opera, imaginacion y sociedad. Mexico y Brasil siglo XIX: Historias conectadas. Ildegonda de Melesio Morales e II Guarany de Carlos Gomes», *Historia Mexicana*, El Colegio de Mexico, Vol. 58, n°2, 2008.

Victor Martinez Lucas et Joaquín David Romesra Franco, «La emigración ecuatoriana en la región de Murcia. El caso singular de Lorce», *Papeles de Geografia*, n°40, juillet-décembre 2004, http: //www. redalye. org/ articulo. oa?id = 4070400.

Vincent Barletta, *Death in Babylon*, *Alexander the Great and Iberian Empire in the Muslim Orient*, Chicago, The University of Chicago Press, 2010.

W. G. Sebald, *De la destruction comme élément d'une histoire naturelle*, Arles, Actes Sud, 2004.

Wilhelm Furtwängler, Musique et verbe, Paris, Pluriel, 1987.

Wolfram Munzenreiter, "The Beijing Games in the Western Imagination of China: The Weak Power of Soft Power", *Journal of Sport and Social Issues*, Vol. 34, n°1, 2010.

致　　谢

　　本书的写成要归功于我多年来在法国高等社会学研究院（EHESS）主持的研讨会上的提问和讨论、在贝伦联邦大学、普林斯顿大学教授的课程以及在布宜诺斯艾利斯、麦德林、利马、纽约这些地方与学者的接触，这些经历使我得以更深入地了解美洲世界。我不会忘记比萨、米兰、那不勒斯或穆尔西亚的朋友们所启发我的每一个想法、每一个章节、每一个思考。还要感谢历史老师劳伦斯·基顿和摄影家卡德尔·阿提娜对本书的慷慨贡献。此外，亚马孙珍藏图书馆的德西奥·古兹曼给我提供了很多思考的途径和建议。最后，在奥利维·格鲁斯和阿涅斯·枫丹的专业和耐心校订下，本书的文字得以在法亚尔出版社出版发行。

地名一览表

（以出现先后为序）

中文名	外文名	所属国家
图尔昆	Tourcoing	法国
鲁贝	Roubaix	法国
安特卫普	Anvers	比利时
瓦伦西亚	Valencia	西班牙
奥莱斯	Aurès	阿尔及利亚
塔祖尔	Tazoult	阿尔及利亚
提姆加德	Timgad	阿尔及利亚
朗拜斯	Lambèse	阿尔及利亚
奥林达	Olinda	巴西
塞纳－圣－德尼	Seine-Saint-Denis	法国
库埃纳瓦卡	Cuernavaca	墨西哥
圣塔伦	Santarem	巴西
里约－塔帕霍斯河	Rio Tapajós	巴西
萨卡特卡斯	Zacatecas	墨西哥
塞维利亚	Séville	西班牙
穆尔西亚	Murcie	西班牙
洛尔卡	Loeca	西班牙
格拉纳达	Grenade	西班牙

续表

中文名	外文名	所属国家
沃库勒	Vaucouleurs	法国
涅瓦河	Neva	俄罗斯
列宁格勒	Leningrad	俄罗斯
拜罗伊特	Bayreuth	德国
贝伦	Belém	巴西
热那亚	Génois	意大利
普林斯顿	Princeton	美国
尤卡坦	Yucatan	墨西哥
巴勒莫	Palerme	意大利
米纳斯吉拉斯	Minas Gerais	巴西
萨利纳斯	Salinas	巴西
帕拉州	Pará	巴西
索科罗	Socorro	巴西
萨尔加多	Salgado	巴西
雷西腓	Recife	巴西
卡塔赫纳	Carthagène des Indes	哥伦比亚
马尼拉	Manila	菲律宾
阿卡普尔科	Acapulco	墨西哥
拉科鲁尼亚	La Corogne	西班牙
佛兰德斯	Flanders	原位于法国、比利时交界
阿卡普尔科	Acapulco	墨西哥
果阿	Goa	印度
波托西	Potosí	玻利维亚
安达卢西亚	Andalousie	西班牙
利马	Lima	秘鲁
墨西哥城	Mexico	墨西哥
萨拉曼卡	Salamanque	西班牙

续表

中文名	外文名	所属国家
特拉特洛尔科	Tlatelolco	墨西哥
库斯科	Cuzco	秘鲁
阿雷基帕	Arequipa	秘鲁
古里	Calicut	印度
锡兰	Ceylan	印度
马诺斯	Manaus	巴西
基多	Guito	厄瓜多尔

人名一览表

（以出现先后为序）

中文名	外文名
米歇尔·大卫	Michel David
让·普罗沃斯特	Jean Prouvost
科尔特斯	Hernán Cortés
拉·马林奇	La Malinche
莫克特祖马	Moctezuma
皮埃尔·马里沃	Pierre Marivaux
阿布戴·柯西胥	Abdellatif Kechiche
苏德赫·哈扎雷辛	Sudhir Hazareesingh
安东尼奥·维埃拉	Antonio Vieira
阿兰·图尔奈	Alain Tournaine
哈纳·阿兰德	Hannah Arendt
皮娜·鲍什	Pina Bausch
卡德尔·阿提娜	Kader Attia
圣－阿尔诺元帅	Saint-Arnaud
提图斯	Titus
塞维鲁	Septime Sévère
克莱伯·芒东萨	Kleber Mendonça
卡洛斯·雷加达斯	Carlos Reygadas

续表

中文名	外文名
罗德里戈·皮亚	Rodrigo Pía
雅克·阿塔利	Jacques Attali
玛丽·安托瓦内特	Marie Antoinette
玛丽·莱辛斯卡	Marie Leczinska
艾昂骑士	Éon
阿兰·德古	Alain Decaux
安德鲁·卡斯特罗	André Castelot
戴米斯托克利	Thémistocle
大流士	Darius
薛西斯	Xerxès
杰罗姆·普里尔	Jérôme Prieur
热拉尔·莫迪拉特	Gérard Mordillat
萨沙·基特里	Sacha Guitry
乔治·马丁	George R. R. Martin
托尔金	J. R. R. Tolkien
哥伦布	C. Colomb
卡布拉尔	G. V. Cabral
奥朗德	François Hollande
儒勒·费里	Jules Ferry
居伊·莫盖	Guy Môquet
萨科齐	Nicolas Sarkozy
希拉克	Jacques Chirac
贞德	Jeanne d'Arc
丹尼·博伊尔	Danny Boyle
史蒂芬·斯皮尔伯格	Steven Spielberg
波尔·盖伦	Poor Galen
李约瑟	Joseph Needham

续表

中文名	外文名
孟席斯	Gavin Menzies
莱尼·里芬斯塔尔	Leni Riefenstahl
巴托洛梅·德·拉斯·卡萨斯	Bartolomé de Las Casas
雷德利·斯科特	Ridley Scott
詹姆斯·卡梅隆	James Cameron
菲利普·迪克	Philip K. Dick
玛格丽特·尤思娜尔	Marguerite Yourcenar
贝拉·塔尔	Bela Tarr
拉斯·冯·特里尔	Lars von Trier
索科洛夫	Alexandre Sokourov
苏珊·桑塔格	Susan Sontag
德米特里·肖斯塔科维奇	Dmitri Shostakovitch
休伯特·罗伯特	Hubert Robert
索尔仁尼琴	Soljenitsyne
叶利钦	Boris Eltsine
彼得大帝	Pierre le Grand
凯瑟琳大帝	Catherine II
尼古拉斯一世、二世	Nicolas Ier，II
亚历桑德拉女皇	Alexandra
米克哈尔·皮厄特罗维斯基	Mikhaïl Piotrovsky
格尔吉耶夫	Valeri Guerguiev
古斯丁侯爵	Marquis Adolphe de Custine
莱奥·冯·克伦泽	Leo von Klenze
杜拉斯	Marguerite Duras
提尔曼·巴特纳	Tilman Büttner
汉娜·阿伦特	Hannah Arendt
列宁	Lénine

续表

中文名	外文名
希特勒	Adolf Hitler
裕仁	Hirohito
戈贝尔	Joseph Goebbels
爱娃·伯劳恩	Eva Braun
歌德	Goethe
古诺	Charles Gounod
罗伯特·布里尔	Robert Brill
本杰明·拉扎尔	Benjamin Lazar
夏尔庞蒂埃	Marc-Antoine Charpentier
吕利	Jean-Baptiste Lully
威廉·克里斯蒂	William Christie
让－玛丽·威雷吉尔	Jean-Marie Villégier
沃尔特·斯各特	Walter Scott
马克·明科斯基	Marc Minkowski
德米特里·切尔尼科夫	Dmitri Tcherniakov
萨尔瓦多·卡马拉诺	Salvatore Cammarano
古铁雷斯	Antonio García Gutiérrez
威尔第	Giuseppe Verdi
弗洛伊德	Sigmund Freud
理查德·瓦格纳	Richard Wagner
威尔海姆·富特文格勒	Wilhelm Furtwängler
维兰德·瓦格纳	Wieland Wagner
帕特里斯·夏侯	Patrice Chéreau
詹姆斯·莱文	James Levine
奥托·申克	Otto Schenk
沃尔特·斯各特	Walter Scott
赫伯特·韦尼克	Herbert Wernicke

续表

中文名	外文名
恩里克·查戈亚	Enrique Chagoya
普契尼	Giacomo Puccini
西德·梅西埃	Sid Micier
彼得·斯洛特戴克	Peter Sloterdijk
纳森·瓦希特	Nathan Wachtel
皮埃尔·肖努	Pierre Chaunu
恩里克·马丁内斯	Enrico Martínez
皮里·雷斯	Piri Reis
梅利西亚·莫拉莱斯	Melesio Morales
卡洛斯·戈梅斯	Carlos Gomes
若昂·吉马朗伊斯·罗萨	João Guimarães Rosa
让·米歇尔·萨尔曼	Jean-Michel Sallmann
费尔南·布罗代尔	Fernand Braudel
法雷克·莫洛	Frédéric Moreau
查尔斯·博克斯	Charles Boxer
卡尔·施密特	Carl Schmitt
皮埃尔·德·鲁贝	Pierre de Roubaix
胡安娜·伊内斯·德·拉·克鲁兹	Juana Inés de la Cruz
西蒙·佩雷恩斯	Simon Pereyns
马特奥·阿莱曼	Mateo Aleman
加斯帕·费尔南德斯	Gaspar Fernandes
瓦斯科·德·基罗加	Vasco de Quiroga
托马斯·摩尔	Thomas More
弗朗西斯科·德·拉·克鲁兹	Francisco de la Cruz
埃德加·赖茨	Edgar Reitz
安德烈斯·德·乌达内塔	Andrés de Urdaneta
冈萨罗·费尔南德斯·德·奥维耶多	Gonzalo Fernández de Oviedo

续表

中文名	外文名
皮莱斯	Tomé Pires
弗朗西斯科·洛佩兹·德·戈马拉	Francisco López de Gómara
马丁·倍海姆	Martin Behaim
海德格尔	Martin Heidegger
罗德里戈·德比维罗	Rodrigo de Vivero
马丁·德·沃斯	Martín de Vos
特拉奎洛斯	tlacuilos
塞缪尔·亨廷顿	Samuel Huntington
奥克塔维奥·帕斯	Octavio Paz
胡安·德·巴洛斯	João de Barros
安东尼奥·德·内布里哈	Antonio de Nebrija
胡安·洛佩兹·德·维拉斯科	Juan López de Velasco
若泽·萨拉马戈	José Saramago
加西拉索·德·拉·维加	Garcilaso de la Vega
坎蒂诺	Alberto Cantino
卡韦里奥	Génois Nicolaus de Caverio
路易丝·贝纳－塔格	Louise Bénat-Tachot
帕斯夸利戈	Pietro Pasqualigo
安东尼奥·加瓦	Antonio Galvão
罗德里格·德·维维罗	Rodrigo de Vivero
德川秀忠	Hidetada Tokugawa
萨尔瓦多·德·萨	Salvador de Sa
皮埃尔·马蒂尔	Pierre Martyr
皮加费塔	Antonio Pigafetta
特兰西瓦尼	Maximilianus Transylvanus
若瑟·德·阿科斯塔	José de Acosta
贝尔纳多·德·巴尔布纳	Bernardo de Balbuena

续表

中文名	外文名
迪奥戈·多·库托	Diogo do Couto
安德烈·多内哈	André Donelha
艾斯达西奥·达·席尔韦拉	Estácio da Silveira
奇马帕因	Chimalpahin
沃尔特·雷利	Walter Raleigh
维尔纳·赫尔佐格	Werner Herzog

正文参引作品一览表

（以出现先后为序）

中文名	外文名	体裁
《黑暗后的光明》	*Post Tenebras Lux*	电影
《天注定》	*A Touch of Sin*	电影
《白日焰火》	*Black Coal*	电影
《基督教起源》	*L'Origine du christianisme*	纪录片
《历史的秘密》	*Secrets d'histoire*	电视节目
《凡尔赛宫秘史》	*Si Versailles m'était conté*	电影
《巴黎秘史》	*Si Paris m'était conté*	电影
《宾虚》	*Ben Hur*	电影
《埃及艳后》	*Cléopâtre*	电影
《罗马》	*Rome*	电视剧
《都铎王朝》	*Les Tudors*	电视剧
《波尔吉亚家族》	*Borgia*	电视剧
《冰与火之歌》	*A Song of Ice and Fire*	小说
《权力的游戏》	*A Game of Thrones*	电视剧
《大红灯笼高高挂》	*Épouses et Concubines*	电影
《英雄》	*Hero*	电影
《1421年：中国发现了美洲》	*1421：l'année où la Chine a découvert l'Amérique*	小说

续表

中文名	外文名	体裁
《1434：华丽的中国舰队驶向意大利并照亮文艺复兴》	*1434：l'année où une magnifique flotte chinoise a fait voile vers l'Italie et allumé la Renaissance*	小说
《达·芬奇密码》	*Da Vinci Code*	小说
《卧虎藏龙》	*Tigre et Dragon*	电影
《荆轲刺秦王》	*L'Empereur et L'Assassin*	电影
《十面埋伏》	*Le Secret des poignards volants*	电影
《满城尽带黄金甲》	*La Cité interdite*	电影
《赤壁》	*Les Trois Royaumes*	电影
《星球大战》	*Star Wars*	电影
《意志的胜利》	*Triomphe de la volonté*	电影
《孔子》	*Confucius*	电影
《阿凡达》	*Avatar*	电影
《春光乍泄》	*Happy together*	电影
《断背山》	*Brokeback Mountain*	电影
《罗马浴场》	*Thermae Romae*	漫画
《高卢英雄传记》	*Astérix*	漫画
《银翼杀手》	*Blade Runner*	电影
《太空堡垒》	*Battlestar Galactica*	电影
《自然城市》	*Natural City*	电影
《攻壳机动队》	*Ghost in the Shell*	电影
《异形》	*Alien*	电影
《环太平洋》	*Pacific Rim*	电影
《虔诚的回忆》	*Souvenir pieux*	回忆录
《浮士德》	*Faust*	影片
《精神之声》	*Spiritual Voices*	影片
《士兵之梦》	*Soldier's Dream*	影片
《中提琴奏鸣曲》	*Sonata for Viola*	影片

续表

中文名	外文名	体裁
《幸运的生命》	*A Fortunate Life*	影片
《语调的一例》	*An Example of Intonation*	影片
《俄罗斯方舟》	*L'Arche russe*	影片
《忏悔》	*Confession*	影片
《1839 年的俄国》	*La Russie en 1839*	影片
《都灵的马》	*Le Cheval de Turin*	影片
《摩洛神》	*Moloch*	影片
《金牛座》	*Taurus*	影片
《太阳》	*Le Soleil*	影片
《贵人迷》	*Bourgeois gentilhomme*	歌剧
《月亮帝国》	*Les États et empires de la Lune*	歌剧
《阿迪斯》	*Atys*	歌剧
《黑桃皇后》	*La Dame de pique*	歌剧
《欧也妮·奥涅金》	*Eugène Onéguine*	歌剧
《清教徒》	*I puritani*	歌剧
《唐·卡洛斯》	*Don Carlos*	歌剧
《茶花女》	*Traviata*	歌剧
《行吟诗人》	*Le Trouvère*	歌剧
《尼伯龙根之戒》	*Les avatars du Ring*	歌剧
《玫瑰骑士》	*Chevalier à la rose*	歌剧
《现代主义的食人族历险记》	*Les Aventures des cannibales modernistes*	画作
《图兰朵》	*Turandot*	歌剧
《文明》	*Civilization*	电子游戏
《13 至 15 世纪的欧洲扩张》	*L'Expansion européenne du XIIIe au XVe siècle*	历史著作
《西印度史》	*Tarih-i Hind-i Garbi*	历史著作
《时代汇编：新西班牙的博物学》	*Repertorio de los tiempos, y historia natural de Nueva España*	历史著作

续表

中文名	外文名	体裁
《你那边几点》	*Là-bas, quelle heure est-il*	电影
《瓜拉尼人》	*Il Guarani*	歌剧
《风暴》	*La Tempestad*	歌剧
《广阔的荒原：条条路径》	*Grão Sertão：Veredas*	小说
《大地之法》	*Le Nomos de la Terre*	法学著作
《巴利亚多利德的争议》	*La Controverse de Valladolid*	影片
《神圣的水仙》	*Divin Narcisse*	诗歌
《西印度毁灭述略》	*La Très Brève Relation de la destruction des Indes*	历史著作
《精神家园：梦的纪事》	*Heimat, chronique d'en rêve*	电影
《石筏》	*Le Radeau de pierre*	小说